U0090422

中國學術思想 研究輯刊

三二編

林慶彰 主編

第 2 冊

從太初到民國：中華文明發展歷程管窺（下）

劉 斌 著

花木蘭文化事業有限公司

國家圖書館出版品預行編目資料

從太初到民國：中華文明發展歷程管窺（下）／劉斌 著 -- 初
版 -- 新北市：花木蘭文化事業有限公司，2020〔民 109〕
目 2+170 面；19×26 公分
（中國學術思想研究輯刊 三二編；第 2 冊）
ISBN 978-986-518-274-8（精裝）
1. 文明史 2. 中國
030.8　　　　　　　　　　　　　　　　　　109011218

ISBN-978-986-518-274-8

9 789865 182748

中國學術思想研究輯刊
三二編 第 二 冊　　　　　　　ISBN：978-986-518-274-8

從太初到民國：中華文明發展歷程管窺（下）

作　　者　劉斌
主　　編　林慶彰
總 編 輯　杜潔祥
副總編輯　楊嘉樂
編　　輯　許郁翎、張雅淋　美術編輯　陳逸婷
出　　版　花木蘭文化事業有限公司
發 行 人　高小娟
聯絡地址　235 新北市中和區中安街七二號十三樓
　　　　　電話：02-2923-1455 ／傳真：02-2923-1452
網　　址　http://www.huamulan.tw 信箱 hml810518@gmail.com
印　　刷　普羅文化出版廣告事業
封面設計　劉開工作室
初　　版　2020 年 9 月
全書字數　149456 字
定　　價　三二編 24 冊（精裝）新台幣 60,000 元

從太初到民國：中華文明發展歷程管窺（下）

劉斌　著

目

次

2760～2791

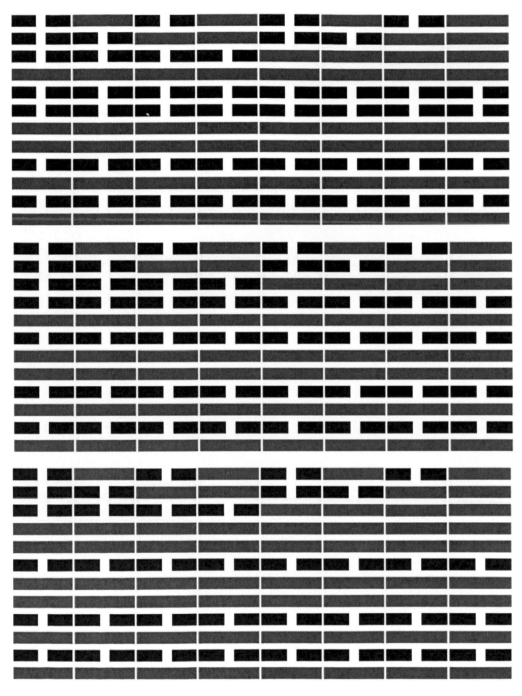

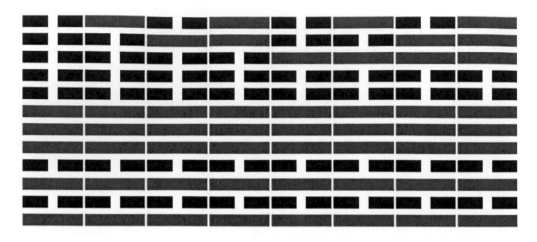

2792～2823

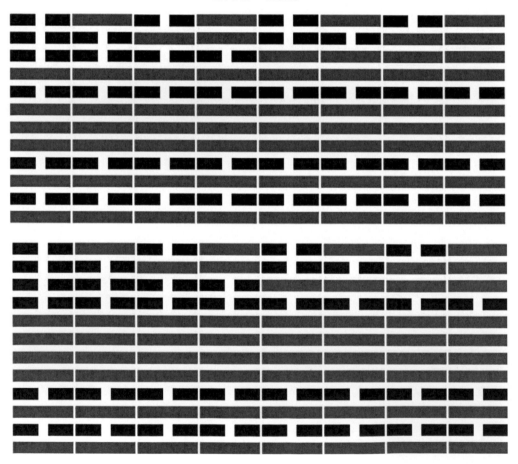

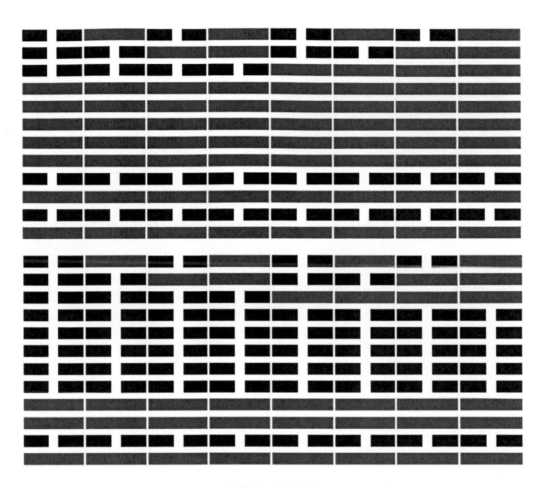

2824～2855

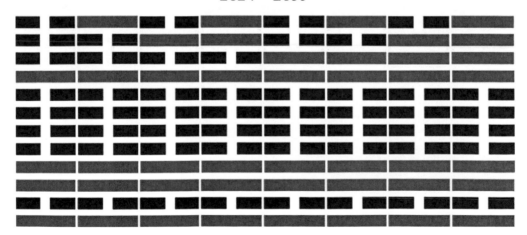

2856～2887

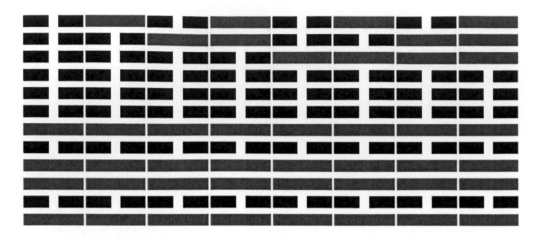

2888～2919

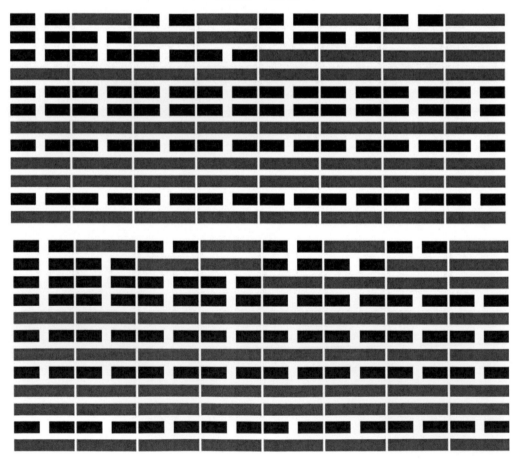

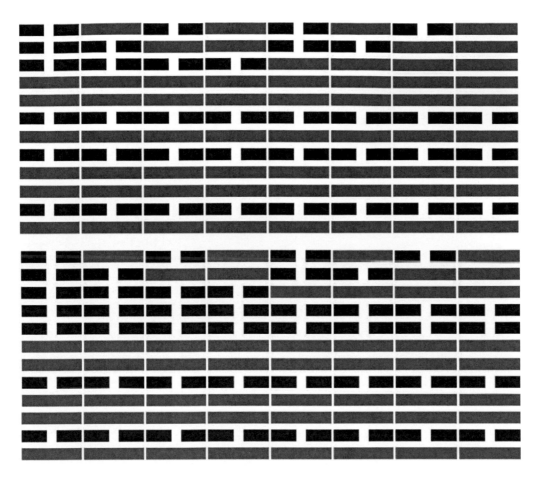

2920〜2951

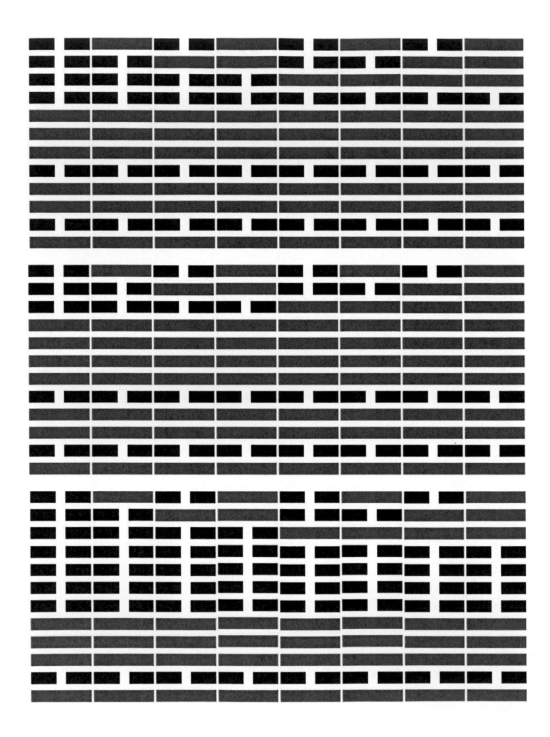

2952～2983

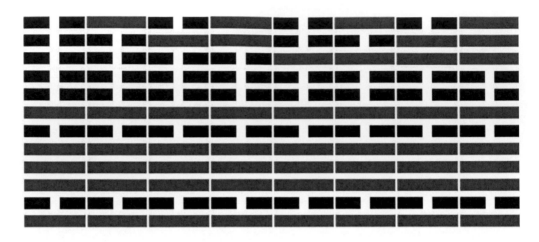

2984～3015

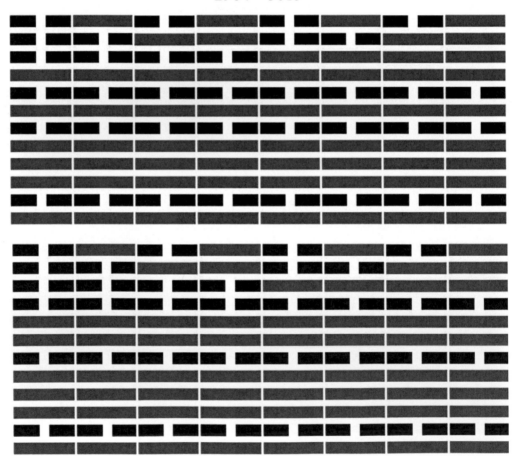

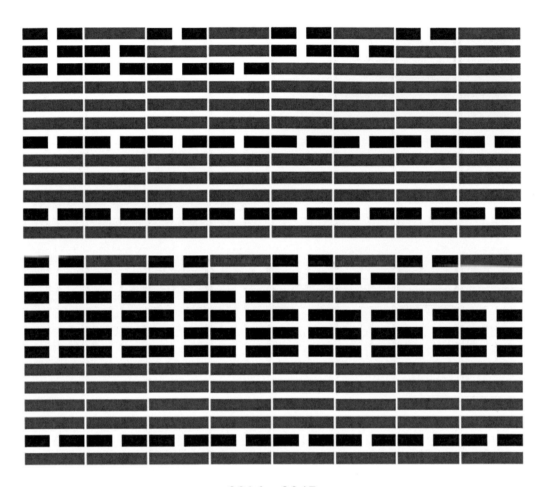

3016～3047

3048～3079

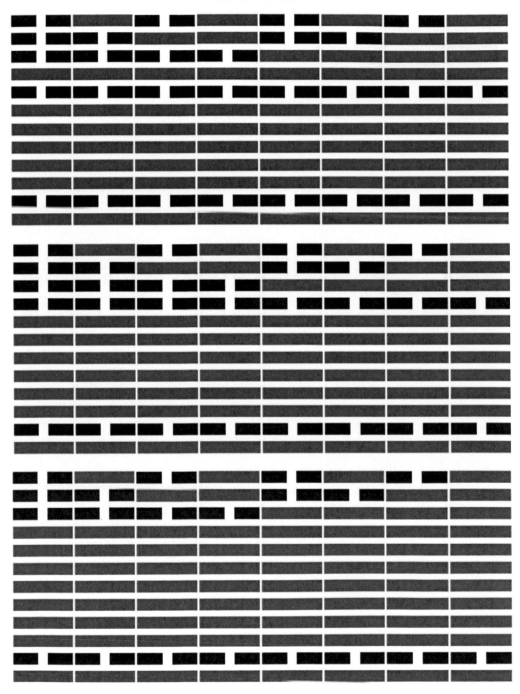

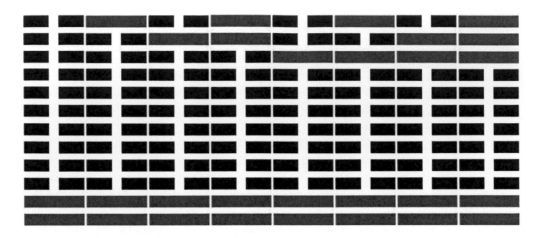

3080～3111

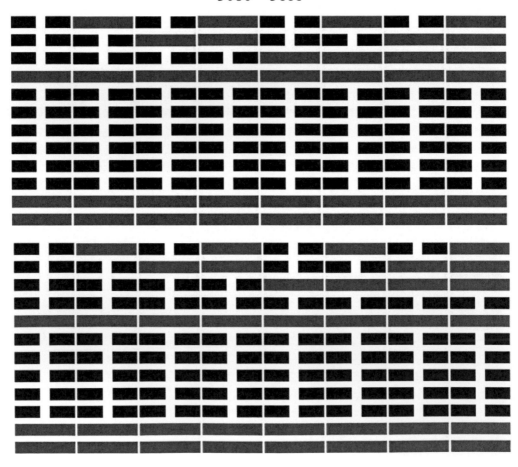

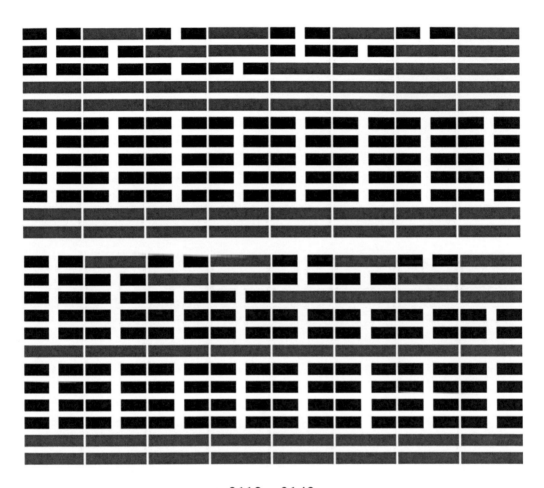

3112～3143

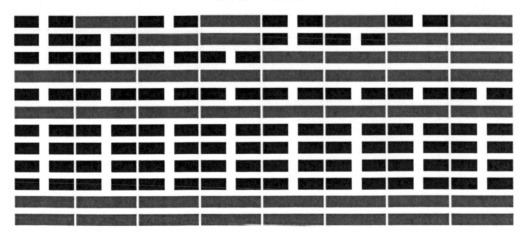

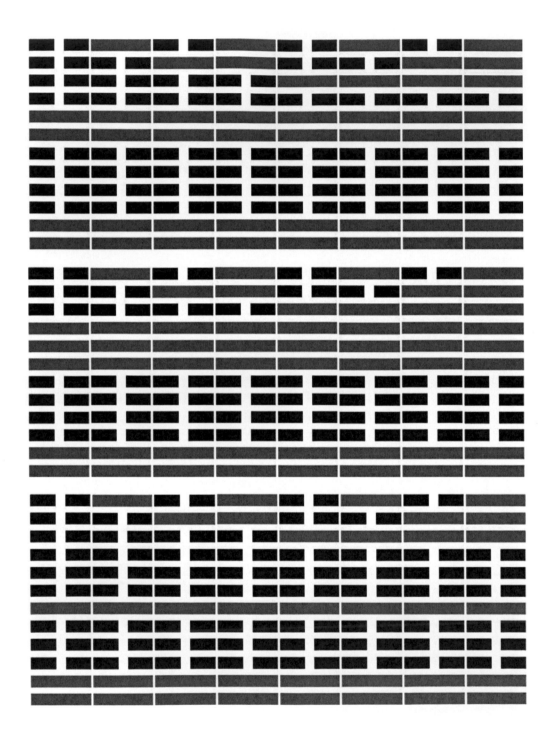

3144～3175

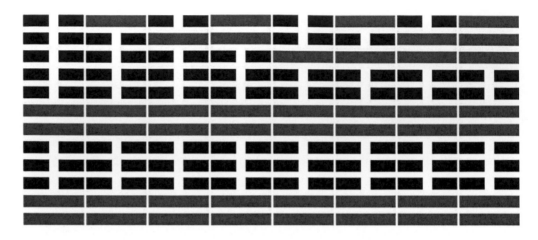

3176～3207

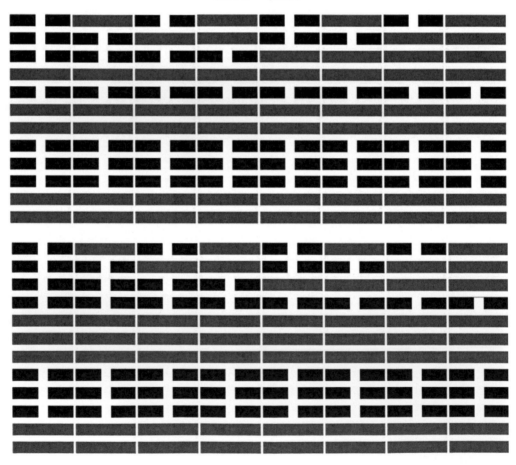

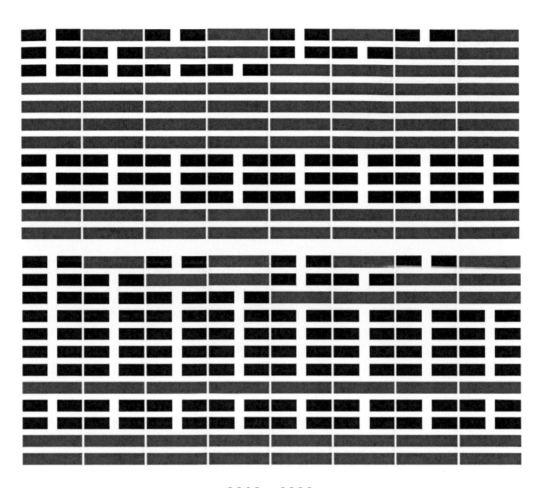

3208～3239

3240～3271

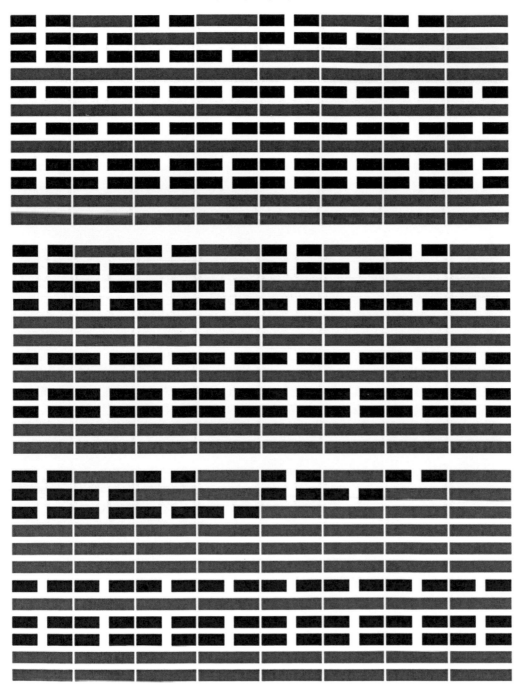

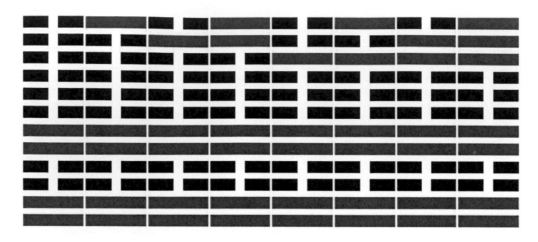

3272～3303

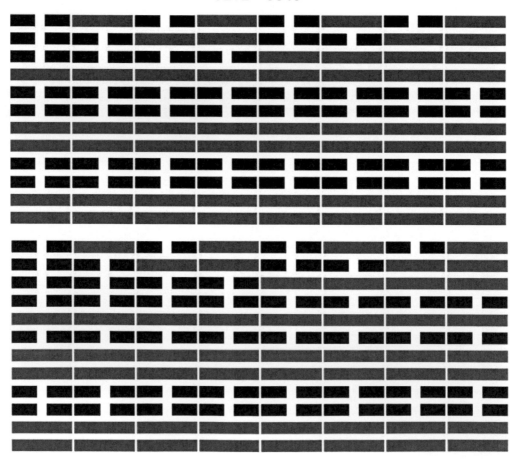

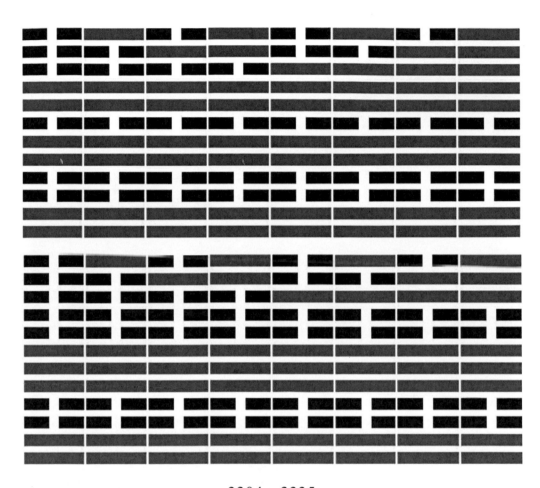

3304～3335

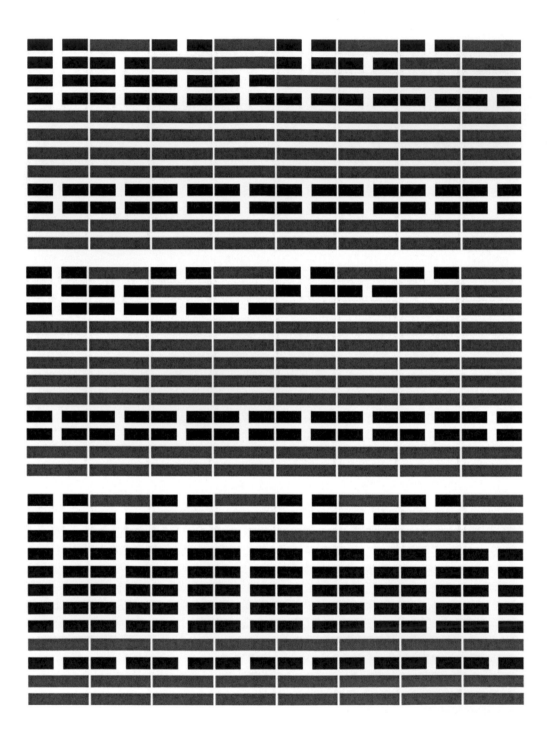

3336～3367

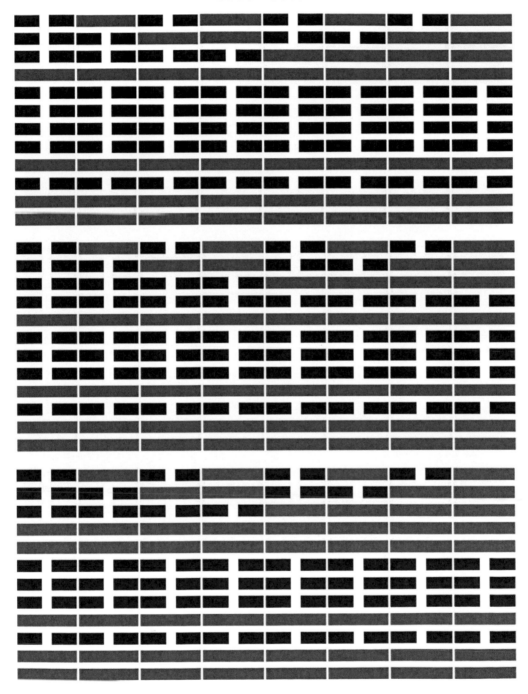

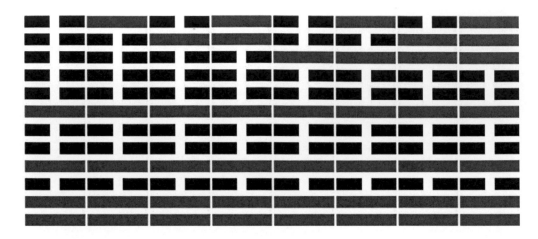

3368～3399

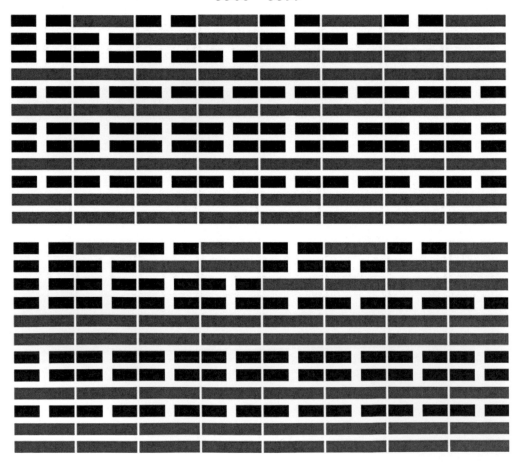

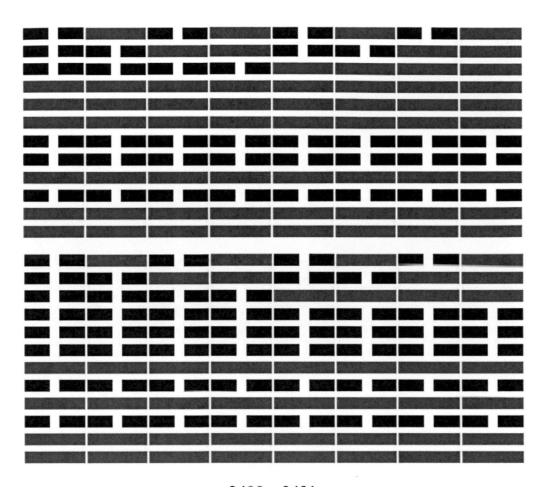

3400～3431

3432～3463

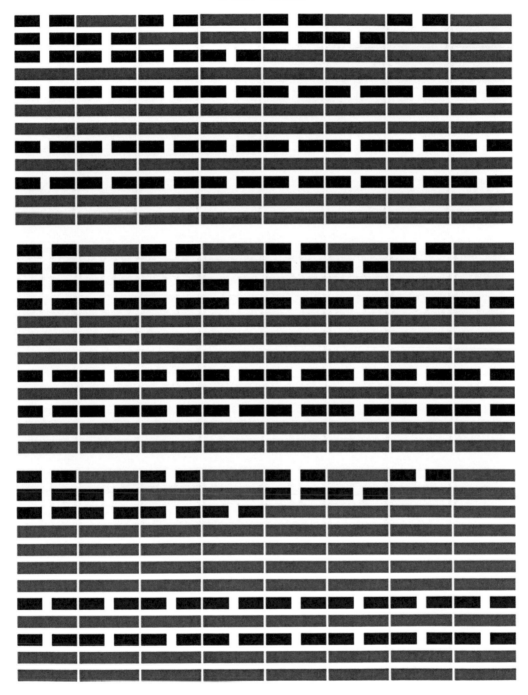

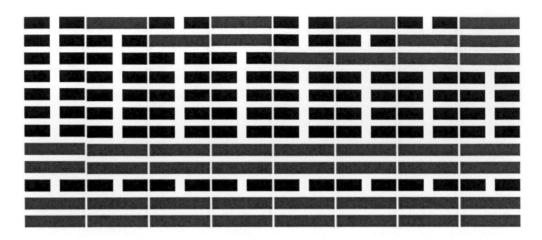

3464～3495

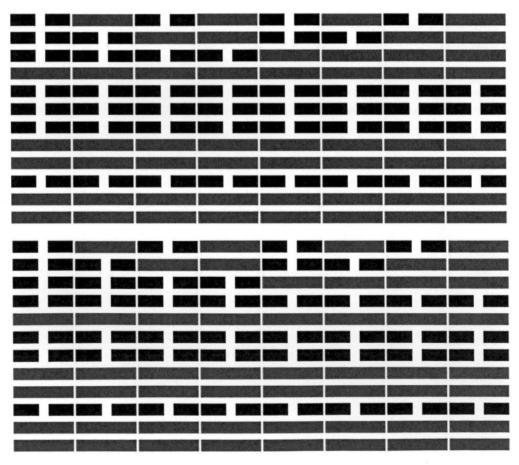

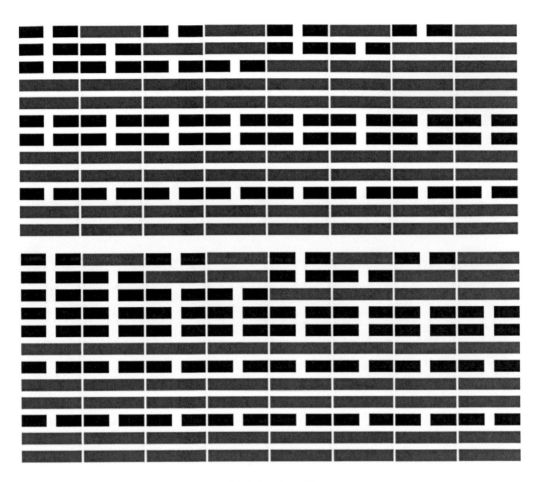

3496～3527

3528～3559

3560～3591

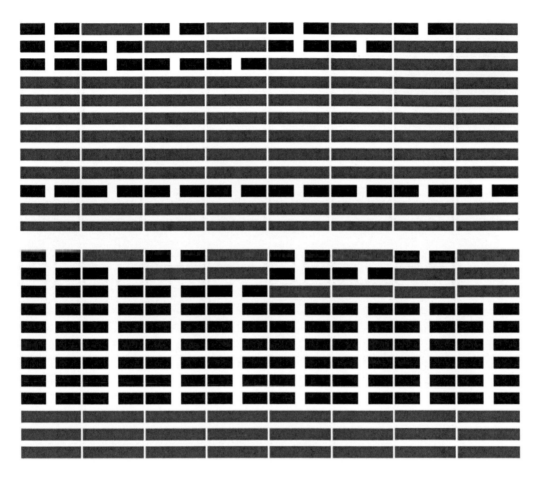

3592～3623

3624～3655

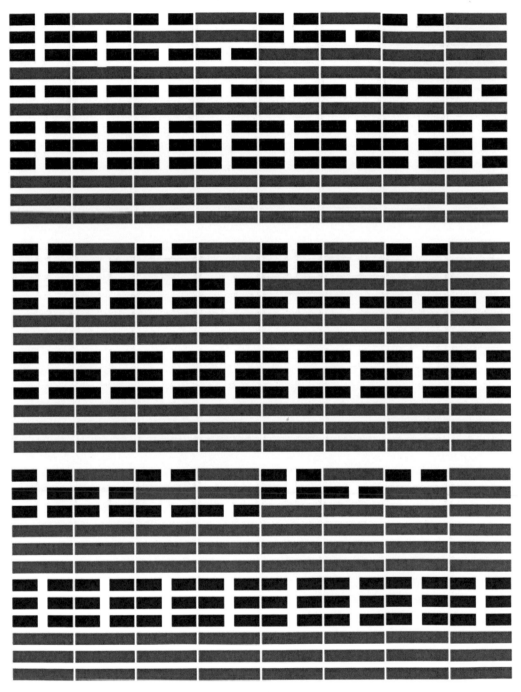

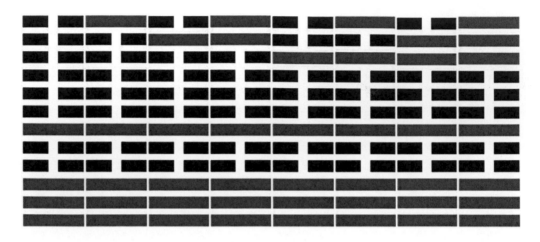

3656～3687

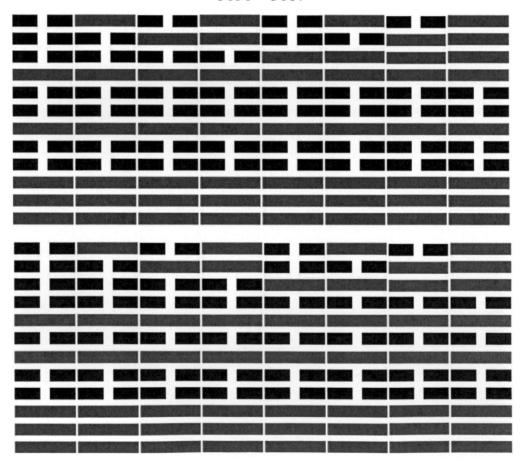

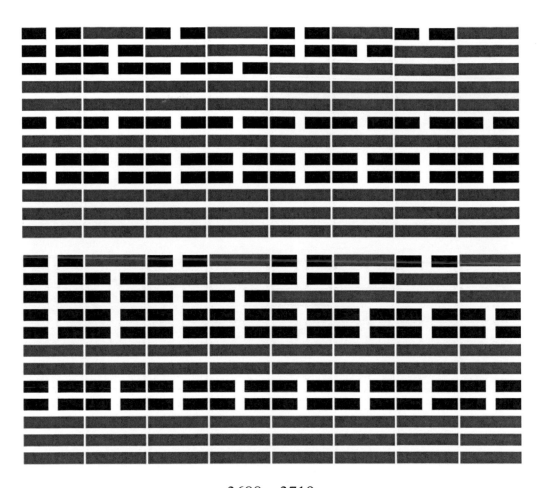

3688～3719

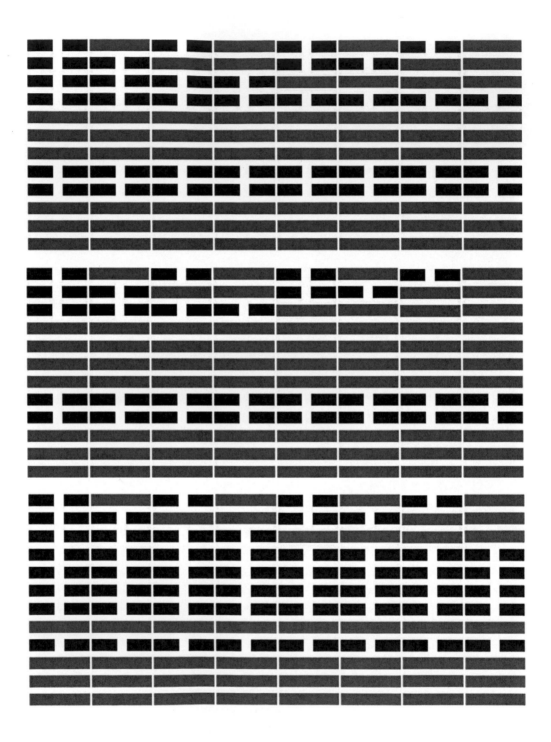

3720～3751

3752〜3783

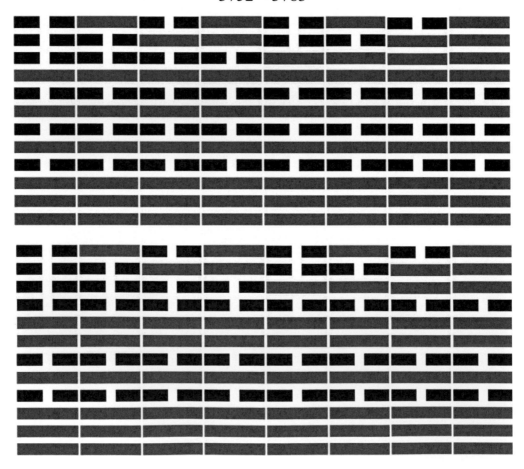

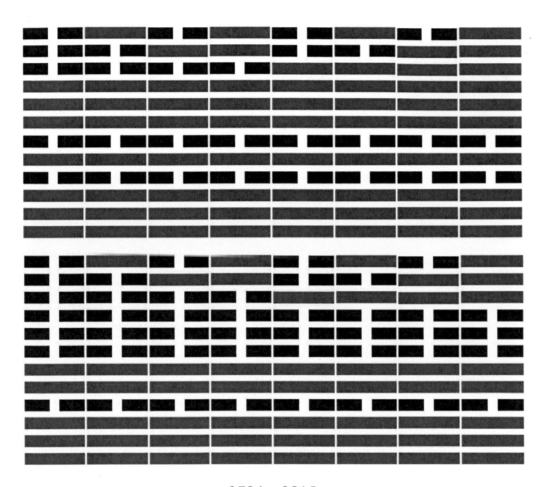

3784～3815

3816～3847

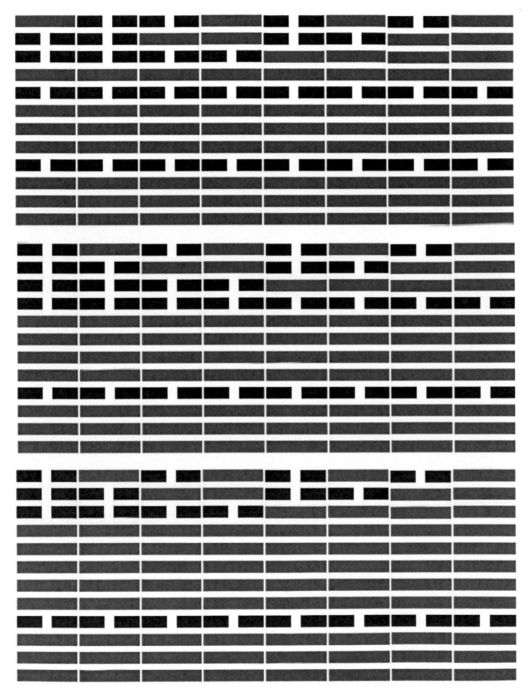

3848～3879

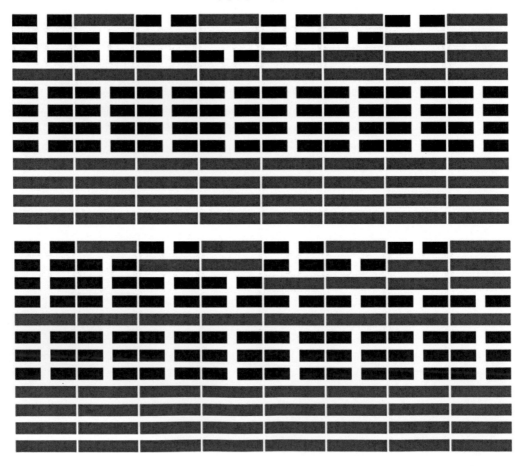

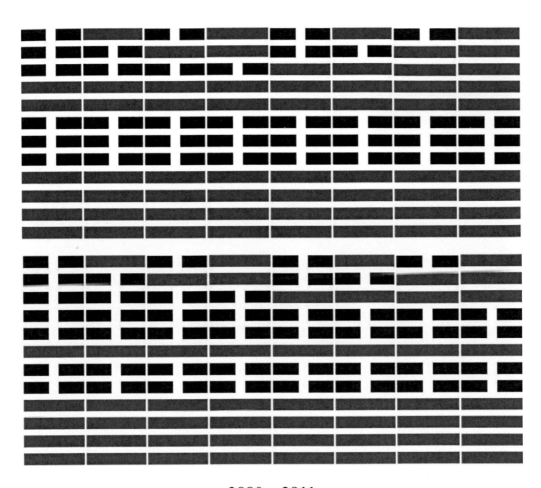

3880～3911

3912～3943

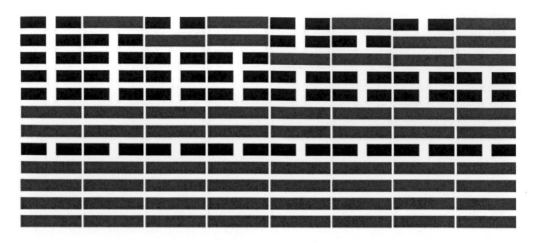

3944～3975

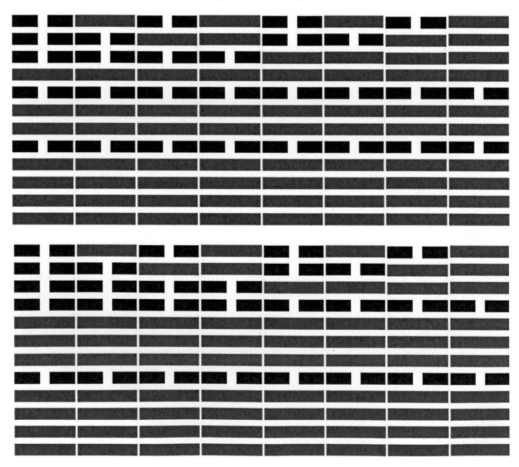

3976～4007

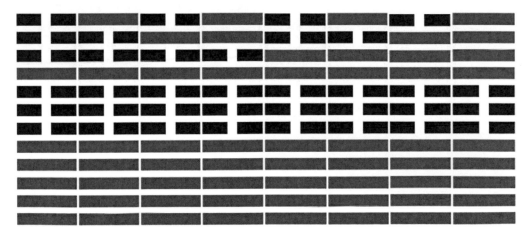

4008～4039

4040～4071

4072～4095

「義」及其代表的世界

在歷經過音明歲月的潤澤、結繩記事的烘托和文字時代的照耀之後，中華文明作為迅速走向成熟的新文明體系，至於周代逐漸迎來了一個璀璨的人文主義興盛和發展的黃金時期。人類規則在帝國政治和經濟生活中的統治地位基本得以確立。所謂「率民向方者唯德」（《郭店楚簡·尊德義》）六經架構逐漸呈現，大師巨子接踵而來；與此同時，一些公認的價值系統開始得到越來越多人們的認可。儒家所謂「義」正即其一。先師龐樸有《說「仁」道「義」》一文迄為學界所稱道。在先師研究的基礎上筆者對於何謂「義」又有一些新的收穫。

一、「多」「義」詞

甲骨文「舟」字象人在船上劃水之形，即所謂「夕」，本意為「移動」，引申出「手足協作」、「手足情深」古寫的「宜」（也即「情誼」的「誼」）字。從物的角度看為「舟」，就現象的角度而言是「移」，從情感的方面來講是「義」。據郭沫若先生考證「宜」字上古當有「冬」陽部之聲，與「幽」部字「舟」陰陽對轉。從字形和字音上分析，「宜」的本字正是「舟」。

從字源上弄清楚，對於解開與之相關的上古史的不少問題，大有幫助。
《卷阿》篇文謂：

> 豈弟君子，四方為綱。鳳凰于飛，翽翽其羽，亦集爰止。藹藹
> 王多吉士，維君子使，媚于天子。

該詩敘周初史事。「多吉士」舊謂「多善士」。不確。當以「移善士」解為佳。「多」者，「移」也。「移」善周之士為君子使，如鳳凰來儀吉祥止止。

前人偏「儒學化」的解釋忽視了詩文的歷史內蘊。所謂「多吉士」去掉作為價值判斷的「吉」字，也就是「多士」。《尚書》中的《多士》篇，屬於典型的歷史文獻，主要涉及的是周初的移民問題。經文「告爾有方多士，暨殷多士」，孔傳謂「告汝眾方與眾多士」，據楊升南先生在甲骨文中，「眾」係由亡國之民轉化而來，相當程度上屬於非我族類的特殊「移民」群體。「眾方與眾多士」實即「眾多方與眾多士」，也即「多方」與「多士」。《爾雅》謂「多，眾也」，「眾，多也」。「多吉士」就是「多士」、「移士」也就是「移民」。周代在自身發展的過程中前後吞併和消滅了數十個大小國家，由此產生了大量的移民問題。作為最早的史籍《尚書》中有《多士》一篇，絕非偶然，而是中華文明史的真實情形之所在。

移民是古今中外普遍存在的歷史現象。就像今天不少移民對當代經濟和社會發展貢獻卓著一樣，上古時期移民群體同樣是推動國家發展和社會進步的重要力量。儒家文化的開山鼻祖孔夫子，就是魯國的移民。所以魯國貴族和孔子之間的角力表面上看是文人和官僚之間的對抗，內在的還隱藏有土客之爭的味道。而這，恰是夏商周三代國家政治生涯中最引人矚目的一個問題。「有眾率怠弗協」（《尚書·湯誓》），因有「致天之罰」湯革夏命；「罔罪爾眾」，「念敬我眾」，乃有盤庚遷殷後的穩定（《尚書·盤庚》）。就有著五千年文明的中國而言，這是一個極其古老且帶有某種永恆性的課題。

主動或被動的文化交流是出現移民現象的重要原因。考古資料顯示這種交流活動在中國大地上幾千年前便已發生。此從考古發現所見大汶口文化，山東龍山文化對豫東龍山文化即東夷文化對先商文化的影響中可以清晰觀見。而且這一過程或者還不免要伴有部族之間的征服與變更，所謂「流共工於幽州，放驩兜於崇山」，之類正是。當然，文字的出現在這個過程中發揮著不可替代的支撐作用。傳說資料來看，文字的發明與舟船的出現可能是在同一歷史時期，即傳說的軒轅黃帝時代。據信舟船是黃帝的發明。《漢書》上說：「昔在黃帝，作舟車以濟不通。方制萬里，畫野分州，得百里之國萬區。是故《易》稱『先王（以）建萬國，親諸侯』。《書》云『協和萬國』，此之謂也。」〔註1〕如此說來，我們這裡探討的「多」這個字其歷史可能要追溯至遠古時期的早期中華文明。《史記·五帝本紀》對黃帝時代言之鑿鑿，必非虛構。巧合的是漢字的出現據信也是軒轅黃帝時代的故事。舊籍謂「沮誦、倉頡作書，並黃

〔註1〕【漢】班固《漢書》，北京：中華書局，1962 年，第 1523 頁。

帝時史官」（《世本‧作篇》）。《詩‧大雅‧綿》有「自土沮漆」之語，「沮」者蓋「涉水舟行」之謂也。又沮者，止也。是「沮誦」即「止誦」，即「船」誦，即「船誦（傳誦）」，即「流船（流傳）」，像舟船載人而行一樣用文字將長期以來口耳相傳的古代傳說記錄和傳承下去。

至晚在成熟文字出現的殷商時期，「舟」與「多」的義項在文字上已經發生分化。甲骨卜辭中有「乙亥卜般取多臣」〔註2〕的記錄，其中「舟」和「多」的寫法明顯不同。至於周代中期，「義」（宜）和「多」又發生了分化。《詩經‧蕩》「而秉義類，彊禦多懟」〔註3〕的話足為說明。當然，一脈傳承的血緣關係決定了他們彼此之間在字形、字義等方面仍有其十分緊密的聯繫，屬於同一字族。《說文》中保存的古「宜」字，其最為核心的「月」字結構（部件）正寫作「多」（「多」）。依近人研究，上古音中正齒音多讀為舌頭音，章母的「舟」字讀為端母字，「舟也」、「舟也」，急讀即「多」。

移民的結果是人口的增多和多樣文化的貫通與融合。史載周部族勃興之初，季歷繼位時吳太伯避外荊蠻，字號句吳；荊蠻義之，從而歸之千餘家，立為吳太伯。吳國由是逐步興起正以太伯移居故也。

二、上古移民

就文獻而言，與「多」字直接相關的首推《尚書》裏的《多方》和《多士》兩篇，內容所及都與周初史事有關。所謂「成周既成，遷殷頑民。周公以王命告，作《多士》」〔註4〕。如上已言「多士」即「眾士」。這樣的理解固然不錯，但還不夠全面。這是因為經過了春秋戰國文字發展的蕪雜時代以及秦漢時期的文字統一，後人都已不太瞭解「多」的本來含義。倒是今人在新材料的幫助下頗能讀出舊籍真義。陳夢家先生說：「庶士即多士」〔註5〕。「多士」即「多（移）吉士」的名詞化用法。《尚書》中所謂「庶邦」、「庶邦君」都是典型的「移民社會」稱謂，是統一天下的周朝貴族相對於傳統周人社會給被征服者以及主動歸附的國家、國君和國民的宗法性稱謂，是「血肉至親」

〔註2〕姚孝遂主編、肖丁副主編：《殷墟甲骨刻辭類纂》，北京：中華書局，1989年，第226頁。

〔註3〕《十三經注疏》整理委員會整理，李學勤主編：《十三經注疏‧毛詩正義》，北京：北京大學出版社，1999年，第1156頁。

〔註4〕《十三經注疏》整理委員會整理，李學勤主編：《十三經注疏‧尚書正義》，北京：北京大學出版社，1999年，第421頁。

〔註5〕陳夢家：《尚書通論》，石家莊：河北教育出版社，2000年，第238頁。

與「非親非故」在國家政治層面的反映。

上古先民移民的原因包括政治移民、經濟移民、文化移民、軍事移民、生存移民等。商人不停遷都、箕子偷渡明夷〔註6〕，或主動，或被動，都是典型的政治移民。「凶年饑歲」，「老弱轉乎溝壑，壯者散而之四方」〔註7〕，傾向於經濟移民。「大師摯適齊，亞飯干適楚，三飯繚適蔡，四飯缺適秦，鼓方叔入於河，播鼗武入於漢，少師陽、擊磬襄入於海」〔註8〕，明顯是文化移民。

周朝初年所及「多方」「多士」的移民問題，不少是軍事移民。周部族發展過程中先後消滅過不少小國，《韓非子·難二》有「昔者文王侵孟、克莒、舉酆，三舉事而紂惡之」的記載。這些被滅掉的國家之於周人即所謂「移入邦內之方」，「多方」原先的官員即所謂「多士」或「庶士」，原先之國君，謂之「多君」或「庶邦君」。李學勤先生考察甲骨文「多君」問題時已經注意到這個問題〔註9〕。其實《尚書》所云「遷殷頑民」，以「作《多士》」的話，已經將問題揭示得比較清楚。這些「『頑民』謂殷之大夫士從武庚叛」而被要求遷移者，即周公口中的「殷遺多士」。〔註10〕值得注意的是秦國的興起居然也是周初軍事移民的結果。新近出土的《繫年》竹簡材料清楚地記敘了其先後過程。清華簡《繫年》第三章說周成平叛「飛廉東逃於商蓋氏。成王伐商蓋，殺飛（廉），西遷商蓋之民於邾，以御奴之戎，是秦先人。」

因為涉及到政治、經濟、民族乃至宗教信仰方面的差異，移民的到來往往會給當時當地的社會民生造成一定的困擾。對於此類問題，周統治者兼用懷柔與武力。周公平叛便是靠武力來解決問題。至如「惟我文考，若明之照臨，光於四方，顯於西土，惟我有周，誕受多方」，強調「文王德大，故受眾方之國」，〔註11〕則側重於對周人以德服人問題的描述。

為了化解遠近、內外、親疏差異給國家政治帶來的疏離感乃至破壞性，周人在移民中選擇有影響力的統治者作為周天子的「出宗子」來代為管理移

〔註6〕何新先生謂《周易》「箕子之明夷」指的是箕子因商紂無道而移民今朝鮮地區。

〔註7〕焦循：《孟子正義》，北京：中華書局，1987年，第158頁。

〔註8〕程樹德撰：《論語集釋》，北京：中華書局，1990年，第1287頁。

〔註9〕宋振豪主編：《甲骨文獻集成·第二十四冊》，成都：四川大學出版社，2001年，第488～489頁。

〔註10〕《十三經注疏》整理委員會整理，李學勤主編：《十三經注疏·尚書正義》，北京：北京大學出版社，1999年，第421～422頁。

〔註11〕《十三經注疏》整理委員會整理，李學勤主編：《十三經注疏·尚書正義》，北京：北京大學出版社，1999年，第281頁。

民群體。清華大學新發現的戰國時期的竹簡材料為學界貢獻了這一凝結著周初社會獨特歷史風貌的宗法概念。謂：「周成王、周公既遷殷民於洛邑，乃追念夏商之亡由，方執出宗子，以作周厚屏。」〔註12〕方執可理解為「訪執」、「訪置」或「放置」。所謂「出宗子」，也即人們常說的所謂「多子」，指的是無血親出宗族的移民群體中視周貴族為宗親也被周人視如宗親的所謂「宗外之子」。「多子」的問題曾經困擾學術界多年，眾說紛紜、莫衷一是。我們在這裡用簡略的文字把問題說透，希望能引起學界同仁的關注，更希望能對相關研究提供一定的幫助。

所謂「出宗子」即「外宗子」，其作用在協助最高統治者治國安邦，名為君臣，實同父子。《禮記·坊記》：「《君陳》曰：『爾有嘉謀嘉猷，入告爾君於內，汝乃順之於外，曰：『此謀此猷，惟我君之德。』」鄭玄《注》云：「君陳，蓋周公之子，伯禽弟也。」〔註13〕這段《坊記》中的《君陳》引文亦見《尚書·君陳》篇。孔穎達謂：「周公遷殷頑民於成周，頑民既遷，周公親自監之。周公既沒，成王命其臣名君陳代周公監之，分別居之。」〔註14〕身為通儒，或謂是周公之子，或謂係周公之臣，「君陳」的身份由此變得撲朔迷離起來。我們看來，君陳當即周公手下號曰君臣情同父子、代為監理所謂「殷頑民」的「出宗子」。出，就是外，出宗即外宗。外從夕從卜，和「多」、「宜」、「移」、「徂」一樣以「夕」為祖型，屬同一字族。〔註15〕

移民賴於交通，而交通對於我們這個多民族大家庭的形成發揮了至關重要的推動作用。軒轅皇帝被世人奉為共同的祖先大約發生於上古歷史的大洪水時代。面對肆虐的洪水，一葉扁舟涉水渡險濟人脫困，必定會引起世人的無盡感念，軒轅本人作為一個名詞也自然而然被作為「舟船」、「舟車」的代稱長期留在了世人的生活世界裏而被尊為人祖。

面對洪水、地震等自然災害被迫進行的移民無關政治、經濟、軍事和文化，屬於生存移民。據信隨著全球氣候變暖有不少海島國家都面臨著舉國移

〔註12〕清華大學出土文獻研究與保護中心編，李學勤主編：《清華大學藏戰國竹簡（貳）》，上海：中西書局，2011年，第144頁。

〔註13〕【清】朱彬：《禮記訓纂》，北京：中華書局，1996年，第763頁。

〔註14〕《十三經注疏》整理委員會整理，李學勤主編：《十三經注疏·尚書正義》，北京：北京大學出版社，1999年，第491頁。

〔註15〕王蘊智先生寫過一篇《「宜」「徂」同源證說》詳盡證明了「宜」「徂」二字上古同源的問題。儘管與我們這裡的探討有一定差異，不失為有益的參考。

民的問題，即所謂生存移民。

三、「多元中國」

不止是上古，即便是在農耕文明高度發展的中古社會，中華大地上來來往往的移民活動也從未停止過。由此所造成的「土」與「客」、「中」與「西」、「新」與「舊」等差異性矛盾和關係有力塑造了中華民族的堅韌品格、推動者中華文明的不斷前行。春秋時期的曲阜孔氏，六朝時期的山東崔氏，20 世紀中國的臺灣蔣氏，無不屬於移民性質。

孔子的遊走播種著文明，范蠡的遊走牽動著經濟，孫文的遊走成就了政治，穆罕默德的遊走寫就的是不朽的傳奇。卜辭中有「多步」（「貞今丁令多步」〔註16〕）一詞，當即後世所謂「移步」，一如今所謂遊走。恰是發生於政治、經濟、文化、民族等各個領域的流動變化和發展成就了我們賴以生存的「多彩中國」。前文所探討的「出宗子」只是此一宏大歷史運動中的一個代表。

「出宗子」也即後世所謂「義子」。其背後是生存於傳統宗法社會夾縫中的一個獨特的群體和倫理世界的存在。現在看來，上古時期先民生活的多彩與豐實並不亞於當今社會。

甲骨文中有相當數量的「多某」用語，用為名詞的皆可以「義某」來理解。舉例來看。

（1）義臣：丙午貞多臣無疾（二二二五八）；

（2）義君：辛未王卜曰…余告多君般卜有祟；（二四一三五）

（3）義子：貞惟多子呼往（七八七）；壬午卜惟多子獲鹿（八一〇）

（4）義屯：貞翌甲午用多屯（八一二正）

（5）義馬：呼多馬逐鹿獲（五七七五正）；丙申卜王令遘以多馬（三二九九四）〔註17〕

雖然因為時代和歷史的原因，難以尋得更多傳世的商代文獻資料來佐證我們的分析。但上舉各例以「義」讀「多」，文字上也好，文義上也好，實無

〔註16〕白於藍：《殷墟甲骨刻辭摹釋總集校訂》，福州：福建人民出版社，2004 年，第 153 頁。

〔註17〕姚孝遂主編、肖丁副主編：《殷墟甲骨刻辭類纂》，北京：中華書局，1989 年，第 226、354、198、198、1266、624、624 頁。

不妥。且在後世，文獻和生活中，若「義臣」、「義君」、「義子」、「義屯」、「義馬」，在在多有，足為其隔代證明。史料記載關天培的坐騎便是「義馬」的傑出代表：「虎門之陷也，提督關忠節公天培死焉，坐馬為英人所得，每乘必咆哮跳踉，直負之以趨海。眾驚救之起，馬無恙而人溺斃矣，如此者數四，竟無一人敢乘者。奧人聞而義之，贖以歸，豢諸忠烈祠中。」〔註18〕是古代「義馬」的傑出代表。

上述諸例之外，卜辭中還有「多妣」、「多伯」、「多介母」、「多女」、「多尹」、「多田」、「多鬼」等，同樣可以「義妣」、「義伯」、「義介母」、「義女」、「義尹」、「義田」、「義鬼」釋讀。以往人們以「多少」的「多」來理解上述概念不免會因為無憑無據鑿空立論而給思維帶來不必要的困擾。「多鬼」不是「多鬼」，不是泛指，而是特指，指的是作為類存在的「義鬼」群體。「多」非「多」，無非「一」。然而，「義君」、「義臣」、「義母」、「義妣」、「義田」、「義屯」、「義女」、「義鬼」乃至「義馬」、「義犬」的存在的確為中華文明注入了多樣的風景。

可以肯定的是，到了孔子的時代，人們都已經不知「多」的本來含義了。

　　　　曾子曰：「以能問於不能，以多問於寡，有若無，實若虛，犯
　　而不校：昔者吾友嘗從事於斯矣。」〔註19〕

「多寡」、「有無」、「虛實」相對成文，「多」之為「多」，其義甚明。曾子是孔門學說的實際繼承者，其對這一問題的語言實踐和認知在原始儒者群體中有代表性。當然，作為原始意向的「多」的「移動」義，在孔子的時代依然能夠講通，而且更能見出問題的內裏。

　　　　子張學干祿。子曰：「多聞闕疑，慎言其餘，則寡尤；多見闕
　　殆，慎行其餘，則寡悔。言寡尤，行寡悔，祿在其中矣。」〔註20〕

「多聞」、「多見」者，「移聞」、「移見」也，不斷變化「聞」和「見」的對象，達到積累認知、任官應事的目的。不惟孔子和他的弟子，便是號稱孔子老師大談「少則得，多則或」〔註21〕的老子，也已不識「多」的真義。

這當然無損於儒道學說開創者的光輝。前文已經指出「多」的形義分化

〔註18〕李越瑞：《悔逸齋筆乘》，太原：山西古籍出版社1997年版，第193頁。
〔註19〕程樹德：《論語集釋》，北京：中華書局，1990年，第523頁。
〔註20〕程樹德：《論語集釋》，北京：中華書局，1990年，第115頁。
〔註21〕朱謙之：《老子校釋》，北京：中華書局，1984年，第92頁。

現象甚古之時便已經發生。

在由上古而來的種種字形和意義分化中，最有意思的當屬「舟」與「月」同的現象。其實王國維先生以「肉」釋「多」的說法在舊解以「月」為「肉」的意義上是可以成立的。郭店楚簡中「月」和「舟」寫法相同，二者或於暗夜示人以明，或於江河渡人以生，或曲懸於蒼穹，或彎居於水中，形同而義近，其在上古容本同字。至於古人是因「月兒彎彎」聯想到了「小船彎彎」，還是借「繫舟水上」來描述「月明長空」，一時難以確證。但無論如何「舟」之為「月」都比「嗜膚滅鼻」式的俗說更接近文字創造的真實。「有」之為「有」，非「有」「肉」之謂也，「有」一葦飛渡之「能」也。老子「聖人不積，既以為人己俞有，既以與人己俞多」的哲學名言倒是無意中指明了「有」之於「多」、「舟」之與「月」的對等關係。

現實世界的豐富造就了語言世界的多彩，於是我們看到了「義臣」、「義君」、「義子」、「義屯」、「義馬」、「義妣」、「義伯」、「義介母」、「義女」、「義尹」、「義田」、「義鬼」等上古世界直到當今社會宏大而多彩的人類生活存在；而文字世界的豐盈又深刻記錄和含蘊了文化與文明內在的綿密與廣闊，於是我們知道了「多」不是「多」，「有」不是「肉」，「祖」先本是中華民族的諾亞方舟。「多」乎哉？不「多」也。吾道一以貫之。

四、國家大義

上古中國最具代表性的移民大約要屬「虞舜」，據說他「一徙成邑，再徙成都，三徙成國」〔註22〕，較之孔子淒淒惶惶累累若喪家之犬的人生記錄圓滿許多，三次移民造就一個國家，算得上移民界的鑽石級頭領。舊稱大舜既仁且義、「言底可績」〔註23〕，還懂得燒製陶器，可謂多才多藝。尤為可貴者，在父瞽叟及弟象多次陷害幾近致死的情況下，舜居然能不計前嫌待之如初，可謂深明大義。

如果說舜之孝行主要體現在家庭方面，那麼同樣自稱「多材多藝」〔註24〕的周公，其大義凜然代兄受過的做法則彰顯著越家庭層面而上的國之大義。

〔註22〕尸佼：《尸子》，上海：華東師範大學出版社，2009年，第48頁。

〔註23〕《十三經注疏》整理委員會整理，李學勤主編：《十三經注疏·尚書正義》，北京：北京大學出版社，1999年，第52頁。

〔註24〕《十三經注疏》整理委員會整理，李學勤主編：《十三經注疏·尚書正義》，北京：北京大學出版社，1999年，第334頁。

據說時當壯年的武王偶染惡疾，臣弟周公乃自禱於天，願為兄受罪以換取人君的健康與家國的興盛，大行義舉感天動地。時至今日，人們依舊把周公「一飯三吐哺」的故事作為治國者勤政愛民、禮賢下士的典範來稱頌。

多方多士也罷，義臣義馬也罷，就民族而言，核心要義首先是國家大義。

規矩。周朝統治者針對商殷移民群體發布的《多方》、《多士》兩篇演講辭，說到底是要主動或被動歸附於周的商人群體尊法紀、守規矩。划船是個技術活，不得其法則行不順。據說古代舟牧為天子備舟要翻來覆去的檢查五遍（《禮記・月令》），以免出現安全隱患，這就是規矩。國家和民族的安全是最大的規矩，所以面對叛亂，周朝的統治者不得不三番五次、三令五申的予以勸告。「惟爾多方，罔堪顧之」，「時惟爾初，不克敬於和，則無我怨」〔註25〕的話正是周公對商殷群體中不法分子的警告。「非其有而取之，非義也」〔註26〕，誅亂討逆「義而正之」〔註27〕，是為正義。如此看來，告子「性，猶杞柳也。義，猶桮棬也」〔註28〕的解釋倒是極好地揭示了「義」的強制色彩：沒有規矩，不成桮棬。

秩序。划船強調的是規矩，乘船重要的是秩序。國家是一艘大船，社會同樣是一艘大船。所謂「有天地，然後有萬物。有萬物，然後有男女。有男女，然後有夫婦。有夫婦，然後有父子。有父子，然後有君臣。有君臣，然後有上下。有上下，然後禮義有所錯」〔註29〕，伏羲而來，文化精英們的任務和責任就是要守衛和守護相對恒定的社會秩序。所謂「理財正辭，禁民為非，曰義」〔註30〕，在船上亂搞不行，社會上亂搞也不行。悖德亂倫、欺上瞞下，乃至燒殺擄掠、販毒吸毒，等等，都在「國家大義」的查禁之列。所謂「明禮儀，知廉恥」，禮義的「義」外在地來看就是「禮儀」的「儀」。儀容儀態儀式儀範都是「義」的外在表現，是作為內在德行的「義」的外在呈

〔註25〕《十三經注疏》整理委員會整理，李學勤主編：《十三經注疏・尚書正義》，北京：北京大學出版社，1999 年，第 461、466 頁。

〔註26〕焦循：《孟子正義》，北京：中華書局，1987 年，第 927 頁。

〔註27〕《十三經注疏》整理委員會整理，李學勤主編：《十三經注疏・禮記正義》，北京：北京大學出版社，1999 年，第 1085 頁。

〔註28〕焦循：《孟子正義》，北京：中華書局，1987 年，第 732 頁。

〔註29〕【清】李道平撰，潘雨廷點校：《周易集解纂疏》，北京：中華書局，1994 年，第 724 頁。

〔註30〕【清】李道平撰，潘雨廷點校：《周易集解纂疏》，北京：中華書局，1994 年，第 620 頁。

現。《詩經》謂：「儀刑文王，萬邦作孚。」〔註31〕（《詩‧文王》）周部族「三分天下有其二」，仍以「小邑周」自居「以服侍殷」〔註32〕，可謂講規矩、守秩序的模範。

活力。規矩重要，秩序也重要，但就划船而言，活力更重要。古人說「勞天下之力為義」〔註33〕，這大概是古代文獻中有關「義務勞動」最早的定「義」性概括。一個百姓慵懶、官員懈怠的社會是沒有希望和前途的社會。通常人們看到繁體字的「義」心中不免生出許多肅殺氣息，因為「義」中之「我」有隻「戈」，兇器也。儘管如此，「義」的世界不缺也不拒絕活力。《郭店楚簡》中一篇專門探討「性」的文獻叫《性自命出》，其中特別講到：「義也者群善之茲也」〔註34〕。大義滋長群善，到處朝氣蓬勃。這種充滿活力和正氣的社會氣象，即所謂「浩然之氣」：「其為氣也，至大至剛，以直養而無害，則塞於天地之間。其為氣也，配義與道。無是，餒矣。」〔註35〕事實上飽滿的活力通常是移民的先決條件。這在中東穆斯林移民歐洲的漫漫征程中表現得非常明顯。商周時期，國多征伐，甲骨文中有不少「義軍」參戰的記錄。所謂「乙亥卜般取多臣」，蓋即尋找義勇軍加盟的意思。參與國家的東征西討自然得是能征慣戰之輩。「義勇軍進行曲」從「中華民國」唱到「中華人民共和國」，是中國人民自強不息、無往不勝的活力與勇氣的見證。

尊嚴。自古至今中國都是典型的和平主義國家。但這並不意味著中國人不會打仗。連一向以儒雅面貌示人的孔子都有「不教民戰是謂棄之」的實戰教育。更不用說自古以來綿延不絕的兵家著作與學說了。《左傳‧成公八年》謂：「大國制義以為盟主，是以諸侯懷德畏討，無有二心。」〔註36〕某一範圍內的國際關係中，負有主要責任的大國就像武林盟主，有擘畫江湖規矩和監督盟約執行的權力。誰違背和破壞規矩誰就要受到懲罰。中國人不喜歡戰爭，但也不懼怕戰爭。新中國建立以後所進行的包括越戰在內的局域範圍的小規模戰爭都是捍衛主權和尊嚴的「正義」之戰，也都取得了勝利。《漢書》說：

〔註31〕 《十三經注疏》整理委員會整理，李學勤主編：《十三經注疏‧毛詩正義》，
      北京：北京大學出版社，1999 年，第 965 頁。
〔註32〕 程樹德：《論語集釋》，北京：中華書局，1990 年，第 559 頁。
〔註33〕 尸佼：《尸子》，上海：華東師範大學出版社，2009 年，第 9 頁。
〔註34〕 𢘽，「茲」，不少先生以為「蘊」。竊以為竹簡右「麼」下之長畫無關本字，筆
      誤而已。
〔註35〕 焦循：《孟子正義》，北京：中華書局，1987 年，第 200 頁。
〔註36〕 【清】洪亮吉《春秋左傳詁》，北京：中華書局，1987 年，第 456 頁。

「黃帝作舟車以濟不通，旁行天下，方制萬里。畫埜分州，得百里之國萬區。」
〔註37〕作為最早的江湖盟主，軒轅黃帝跋山涉水的統一戰爭中，作為其歷史
發明的舟車大約發揮過不小的作用。這也就是為什麼不少學者指出「義」帶
有部分殺氣的原因。在人人成佛之前沒有不流血的統一戰爭。所以，也怪不
得軒轅氏。如果當年能說走美帝國主義毛澤東又何必派遣幾十萬中華兒女赴
朝作戰。尊嚴是打出來的。漢人甘延壽和陳湯說得好「天下之大義，當混為
一」、「犯強漢者，雖遠必誅」。〔註38〕

　　發展。在各式各樣的移民行為中，出於發展目的的主動移民佔有很大比
重。商人遷都，洪武移民，包括新中國的新疆屯墾，莫不如此。這些移民活
動都帶有很強的目的性，屬於拓荒性卜居，「外」向型發展。「外」者「夕（舟）
卜」應該就是「涉水移民外地卜居」的意思。明清以來南洋謀生的華人華僑
便是乘船遠行外地卜居的移民群體，至於現在，中國人的足跡早已遍及世界
的每一個角落。海外打拼的國人，個人也好，集體也好，社會團體也好，公
司企業也好，都是為了進一步拓展市場，謀求更好發展。顏延之《祭屈原文》
《文選》李善注引《漢書》如淳曰「南方人謂整舡向岸曰『艤』」〔註39〕，這
個今人基本不用的「艤」字，倒是無意中揭示了目的性遠征過程後選擇性卜
居（靠岸）行為同「義」的內在性聯繫。如前所示，「義」（「夕」）最初無非
是以一艘小船的面貌呈現於世界面前的。造字者以象形的手法將上古聖王的
發明摹刻為「夕」的模樣。夕一移再移，夕而又夕，謂之「多」，移至某個恰
適的所在卜居落腳，謂之「外」，移動的過程謂之「沮（徂）」，作為結果在征
程的結尾找到合適的地方定義新生活稱為「宜」。某種程度上「正義」也就是
「征宜」，所以所謂「正義」首先是一個過程，是過程與結果的統一。〔註40〕

　　意義。從定居式遠征到定義式確證，作為行為和狀態指稱的「適宜」的
「宜」在先民生活的淘洗和語言實踐的砥礪中最後植根於各種「定義」之中，

〔註37〕【漢】班固：《漢書》，北京：中華書局，1964年，第1523頁。
〔註38〕【漢】班固：《漢書》，北京：中華書局，1964年，第3015頁。
〔註39〕【梁】蕭統編，【唐】李善注：《文選》，上海：上海古籍出版社，1986年，第2606頁。
〔註40〕楊樹達先生《積微居金文說》釋「宛」字，謂銘文「王易　貝朋」中的從「宀」從「夕」從「女」之字當讀作「宛」字。不確。實則「夕」為時詞，用以表示時間，其字當是指外出女子夕時宿於房內的意思，後來時詞漸漸不用，即世所見「安」字。「王易安貝朋」指王賜給宿女貝朋。見楊樹達《積微居金文說（增訂本）》，中華書局1997年版，第10頁。

用以界定大千世界萬事萬物最為適宜的內涵。《荀子》「名無固宜」「約定俗成謂之宜」〔註41〕的話已經帶有相對明顯的「定義」色彩。從具體事項的「征宜」到萬物內涵的「定宜」，「宜」之為物實現了人生從小我到大我的轉變。但，對待之下，「意義」問題可能要更為重大。《禮記·少儀》：「問卜筮，曰：『義與？志與？』義則可問，志則否。」鄭《注》：「義，正事也。志，私意也。」〔註42〕志者意也，意者志也，「志義」即「意義」，意偏個人，私意多，「義」重公義，正氣重，「意義」云者偏義複詞，強調棄私從公、祛邪扶正，所以從建國到現在，從國家到民族，都在不停的追問「意義」問題。

從古至今，成千上萬年，見多少人，逢多少事，我們人生的意義究竟是什麼？

中華民族復興。

〔註41〕王先謙：《荀子集解》，中華書局1988年版，第420頁。
〔註42〕【清】朱彬：《禮記訓纂》，中華書局1996年版，第530頁。

《論語》名義及簡稱問題

　　時人談及《論語》、《孟子》兩書每稱「《論》、《孟》」或「《語》、《孟》」。其實「《論》、《孟》」、「《語》、《孟》」並行混用的現象至晚自宋代以來就有。恰也以此，今人才會習以為常不覺有異。但稱《論》稱《語》終有不同，容或還有個恰當與否的問題。

一、語

　　《說文·言部》：「語，論也」，「談，語也」，「論，議也」。先秦以降，「語」的使用大都圍繞「議論」、「談論」、「語言」、「辭、句」的意思展開。對《論語》名義的探討也不例外。漢末劉熙謂《論語》「記孔子與諸弟子所語之言也」（《釋名·釋典藝》。又《釋言語》：「語，敘也，敘己所欲說也。」），晉傅玄稱「昔仲尼既沒，仲尼之徒追論夫子之言，謂之《論語》」，〔註1〕清末大儒簡朝亮稱「言語對文則異，散文則通。記者以『語』為名，語該乎言也」〔註2〕，皆是其例。

　　其實，基本的「談論」「議論」「語言」義外，在先秦兩漢包括秦漢以來，「語」還是一種古老而特別的價值語言分類判定，也即諺語、古語、成語之類。如《史記·管晏列傳》有文「語曰『將順其美，匡救其惡，故上下能相親也』」，《春申君列傳》「語曰：『當斷不斷，反受其亂。』」，《范雎蔡澤列傳》「語曰：『庸主賞所愛而罰所惡；明主則不然，賞必加於有功，而刑必斷於有罪。』」（亦見《戰國策·卷五·秦三·范子因王稽入秦》），等皆是。此義在

〔註1〕（晉）傅玄《傅子·附錄》，張立文主編《儒學精華》（上中下三卷），北京：北京出版社1995年版，第970頁。

〔註2〕簡朝亮《論語序說述疏》，（宋）朱熹集注、簡朝亮述疏《論語集注補正述疏》卷首，北京：北京圖書館出版社2007年版，第4頁。

《辭源》、《漢語大字典》「語」字下面均有說明。指出：「『語』是一種古老的文類，是古人知識、經驗的結晶和為人處事的準則，其中蘊含著民族精神，充滿了先民的經驗和智慧，是當時人們的一般知識和共同的思想、話語資源。」「它大致可分為重在記言和重在敘事的兩類，每類又表現為散見的或結集、成篇的兩種。散見言類之『語』的文字標誌是『語』、『言』、『諺』和部分『聞之』；結集成篇的言類之『語』則集中地保存在先秦迄兩漢的文獻中。」〔註3〕本文的寫作相當程度上正是受俞先生文章的啟發。至於俞先生對於古「語」的認知是否完全正確我們事實上並不完全同意。正如我們在「左史記言右史記事」一章提到的古史記言最早指向的是在史官看來富有歷史價值的傳言，後世所見以「語曰」、「聞之」一類字眼標誌的所謂「語」，也就是我們強調的「價值語言分類判定」意義上的諺語、成語、名言、傳言、傳說、傳聞之類，其最核心最關鍵的特徵是來自於或指向於口耳相傳的文明傳承方式，既便如後世所謂成語大規模出現在載籍之中。「左史記言」錄古之傳言以成史記的文明傳統，一方面彰顯著所謂「語」類材料本自口說或指向口耳相傳的本然特徵，另一方面也事實上成為了自先秦到而今整個記語載言講述文明之文化傳承方式的遠古先聲。

　　《國語‧楚語上第十七》載申叔時有關教導太子的言論，曰：「教之春秋，而為之聳善而抑惡焉，以戒勸其心；教之世，而為之昭明德而廢幽昏焉，以休懼其動；教之詩，而為之導廣顯德，以耀明其志；教之禮，使知上下之則；教之樂，以疏其穢而鎮其浮；教之令，使訪物官；教之語，使明其德，而知先王之務用明德於民也；教之故志，使知廢興者而戒懼焉；教之訓典，使知族類，行比義焉。」〔註4〕基於此一材料，俞先生據以認為：「『明德』二字透露出這種文類的目標定位和價值指向」〔註5〕，「明德」「這一體用特徵是『語』區別於同期其他文類的身份證明」〔註6〕。考諸古書，我們發現「德」這一概念在產生之初及其後包括先秦在內的很長時間裏並沒有明顯的價值指向。《管

〔註3〕俞志慧《語：一種古老的文類——以言類之語為例》，《文史哲》2007第1期，第5頁。
〔註4〕〔東周〕左丘明撰，〔三國‧吳〕韋昭注《國語》（上下冊），上海師範大學古籍整理組校點，上海：上海古籍出版社1978年版，第528頁。徐元誥撰《國語集解》（修訂本），王樹民、沈長雲點校，中華書局2002年版，第485～486頁。兩本標點不同，依上海古籍本。文中其他引文據中華書局徐本。
〔註5〕俞志慧《語：一種古老的文類——以言類之語為例》，第7頁。
〔註6〕俞志慧《語：一種古老的文類——以言類之語為例》，第5頁。

子·心術上》說「德者，得也。得也者，其謂所得以然也」〔註7〕；《莊子·天地》謂「物得以生，謂之德」〔註8〕；《說文》，「悳，外得於人，內得於己也」，悳即德：可見，德即是得〔註9〕，得之於己謂之德。事實上，德之為物非但沒有明顯的價值取向，反倒是個性明顯、偏好自由，難於管束。而這也就決定了將「明德」作為「語」的體用特徵頗有不妥。畢竟有得之言甚多而可以入「語」者有限。

　　當然，而今流傳下來的「語」很多都在俞先生所謂「明德」標準的範圍之內。不過，想來這大約更多地還是流傳過程中歷史選擇的緣故。秦漢兩代在尚刑尚德方面的不同或者可以提供某些注解和說明。由此我們想到，同「明德」相比，以形式上的「流行性」來對「語」這一文類予以界定或者更好。當然，這裡探討的是先秦時期文類的問題，要解決的是哪些言辭可以入選「語」的天地，說的不是遊戲，也不是社會風氣等等。筆者認為，流行性是「語」這一古老文類的關鍵限定，只有那些一定時期（可長可短）內在人民群眾的口耳之間流傳著、流傳過的有價值的名言、警句或傳言、傳說之類才能夠進入「語」的行列。《孟子·萬章》：「語云，『盛德之士，君不得而臣，父不得而子。』」趙岐注：「語者，諺語也。」〔註10〕《辭源》釋「語」的此一義項謂：「諺語，成語。」《漢語大字典》：「特指諺語、古語或成語。」《說文·言部》：「諺，傳語也。」可見經史子集中屢屢被人稱引的「語」本質上正是諺〔註11〕，而諺的要義正在其口耳相傳的流行品格。《文心雕龍·書記》：「萬民達志，則有狀列辭諺」。又謂「諺者，直語也。廛路淺言，有實無華，鄒穆

〔註7〕黎翔鳳撰《管子校注》，梁運華整理，北京：中華書局（新編諸子集成本）2004年版，第770頁。
〔註8〕陳鼓應注譯《莊子今注今譯》（全三冊），北京：中華書局1983年版，第309頁。
〔註9〕此由卜辭資料亦可證明。參見晁福林《先秦時期「德」觀念的起源及其發展》，《中國社會科學》2005年第4期，第194頁。
〔註10〕〔漢〕趙岐《孟子注》，第82頁。載中華書局編輯部編《漢魏古注十三經（附《四書章句集注》）》（全二冊），北京：中華書局1998年版。
〔註11〕或以為「諺」指格言，不能涵蓋紀事之「語」。愚見，諺訓傳語，流傳而外無其他限定，並無記言記事分別，考今見古諺中亦有不少敘事類文辭，雖字數不多但明顯是對事件的總結與概括。《韓非子·姦劫弒臣》：「諺曰：『厲憐王。』此不恭之言也。雖然，古無虛諺，不可不察也。此謂（為）劫殺死亡之主言也。」此諺明顯是有緣以生因事成言。民間常謂「諺語故事」，所謂諺語類故事，正即諺亦記事的證明。言有敘事，事有明理，謂記言記事未若以明理敘事區以別之。

公云『囊滿儲中』，皆其類也。《太誓》曰『古人有言，牝雞無晨』，《大雅》云『人亦有言，惟憂用老』，並上古遺諺《詩》《書》可引者也。至於陳琳諫辭稱掩目捕雀，潘岳哀辭稱掌珠伉儷，並引俗說而為文辭者也。夫文辭鄙俚莫過於諺，而聖賢詩書採以為談」。在劉勰看來，「諺」屬「廛路淺言」，其特徵在「有實無華」，功用在「萬民達志」。《說文》：「廛，一畝半，一家之居。從廣里八土。」《周禮‧地官‧載師》「以廛里任國中之地」，鄭司農注：「廛，市中空地未有肆，城中空地未有宅者。」鄭玄注：「廛里者，若今云邑里居矣。廛，民居之區域也。里，居也。」〔註12〕是「廛路」之「廛」當指民間，「廛路」一詞意在強調民間社會之街頭巷尾。而這無疑又變相強調了「諺語」流傳於口耳之間的特徵。同書於布帛、著之簡端普通人頗不易見的文字相比，諺語的特點正在其口耳相傳的流行性。

除了流行性的基本和關鍵限定以外，源於生活用於生活的「語」還不可避免地帶有許多來自生活的其他屬性。

若階層性。此集中體現在諸如「民」「野」、「里」、「俗」、「鄙」等類有關「諺」「語」的常見界定上。所謂「野語有之曰：『眾人重利，廉士重名，賢人尚志，聖人貴精。』」（《莊子‧刻意》），「鄙語云『尺有所短，寸有所長』」（《史記‧白起王翦列傳》），「鄙諺曰：『長袖善舞，多錢善賈。』」（《韓非子‧五蠹》），等即是。另如「諸儒為之語曰『無說《詩》，匡鼎來；匡說《詩》，解人頤』」（《漢書‧傳第五十一》），「諸儒為之語曰『五鹿嶽嶽，朱雲折其角』」（《漢書‧傳第三十七》），更說明在統治者與被統治者的巨大差別以外，古「語」還存在一個職業差別問題。《史記‧秦始皇本紀》錄李斯言，稱「非博士官所職，天下敢有藏《詩》、《書》、百家語者，悉詣守、尉雜燒之」，可見秦時諸子百家的代表性言論因為社會流行的原因大都在語的範圍內，而實際上各家本身就有個階層差別在，是在前人早有證明。他如盜歌賊語、舟人之言、兒婦人語等所呈現的群體差別、年齡差異、性別不同等，毫無疑問也在「語」的階層特點範圍內。

若地域性和階段性。《後漢書‧儒林列傳》載有四條漢代古語。「時人為之語曰：『生世不諧，作太常妻，一歲三百六十日，三百五十九日齋。』」「時

〔註12〕〔漢〕鄭玄《周禮注》，第86頁。載中華書局編輯部編《漢魏古注十三經（附《四書章句集注》)》（全二冊）。標點依李學勤主編《十三經注疏‧周禮注疏（上、下）》，北京：北京大學出版社1999年版。

人為之語曰：『《五經》無雙許叔重。』」「京師為之語曰：『說經鏗鏗楊子行。』」「京師為之語曰：『解經不窮戴侍中。』」四者一說周澤周稺都（史稱其「奉公克己，矜恤孤羸」），一說許慎許叔重，一說楊政楊子行，一說戴憑戴次仲。前兩條體現了「語」的階段性問題，後兩條則反映了地域性的問題。《漢書·韋賢傳第四十三》：「故鄒魯諺曰：『遺子黃金滿籯，不如一經。』」《漢書·卷三十七》：「楚人諺曰：『得黃金百，不如得季布諾。』」也是這方面的例子。

縱向來看，「語」還有一個不斷繼承、不斷消融、不斷流失又不斷補充的問題。前引劉勰稱「牝雞無晨」、「惟憂用老」並為上古遺諺，以及「諸儒為之語曰」、「時人為之語曰」幾條，即古語不斷繼承還不斷補充的說明。而上引諺語很多在今天已不再流行，實即古語流失的佐證。當然這種流失，既可能是徹底被歷史淘汰，也可能是在流傳過程中消融在了人民群眾的學術創作和日常生活當中，而不再以諸如「語曰」、「諺曰」、「《論語》曰」、「《孟子》曰」之類特殊注明的形式出現在人們的視野。《後漢紀·光武皇帝紀卷第五》載馮異言，稱：「陛下獨見之明，久而益遠，乃知『性與天道，不可得而聞』也。」〔註13〕此處不標《論語》，即是「語」的消融。大體而言，「語」的消融體現著文明的進步和國民素養的提升〔註14〕，而且，這種消融往往還同時意味著中華文化在某些角落的自我發展與新生。《漢紀·孝元皇帝紀中卷第二十二》載荀悅言，「禮，與其奢也，寧儉；事，與其煩也，寧略；言，與其華也，寧質；行，與其彩也，寧樸」〔註15〕，顯然是基於《論語》文字的新發明。

概而言之，筆者認為：「語」是一種以流行性為關鍵限定，含攝廣博、內容駁雜，集階層性（層面性）、地域性和階段性於一身，兼具官方色彩與民間面向，不斷繼承、不斷消融、不斷流失又不斷補充的價值語言分類判定，源於上古，歷時綿長，在既往和且來的中國歷史上都有其獨特的意義和價值。

〔註13〕〔漢〕荀悅，〔晉〕袁宏《兩漢紀：〈漢紀〉、〈後漢紀〉》（全二冊）下，張烈點校，北京：中華書局 2002 年版，第 92 頁。
〔註14〕此就大體而言。若《莊子》「每下愈況」今言「每況愈下」，錯用古語曲為時用，則正同進步與提升之類相反。
〔註15〕〔漢〕荀悅，〔晉〕袁宏《兩漢紀：〈漢紀〉、〈後漢紀〉》（全二冊）上，第 387 頁。

二、論

「論」作何解，歷來都是解讀《論語》名義問題的關鍵。《說文》：「論，議也。從言，侖聲。」段注：「論以侖會意。亼部曰：『侖，思也。』侖部曰：『侖，理也。』此非兩義。『思』如《玉部》『䚡理自外可以知中』之䚡。《靈臺》『於論鐘鼓』，毛曰『論，思也』，此正許所本。《詩》『於論』正侖之假借。凡言語循其理得其宜，謂之論。故孔門師弟子之言謂之《論語》。皇侃依俗分去聲平聲異其解，不知古無異義，亦無平去之別也。《王制》『凡制五刑，必即天論』，《周易》『君子以經論』，《中庸》『經論天下之大經』，皆謂言之有倫有脊者。許云論者議也、議者語也，似未盡。」「當雲從言侖，侖亦聲。盧昆切。」現在來看，段《注》大約也還有其未備，但其「言」「侖」俱為形旁的論斷確是為人指明了方向。

「論」從「侖」。

《說文》：「侖，思也。從亼從冊。」按，「思，容也」，「容，盛也」。「侖」從「亼」，《說文》：「亼，三合也。從入、一，象三合之形。」「讀若集。」「亼」讀若「集」，義亦同之，將事物集合一處，有容義，故訓思。又「侖」從「冊」，「冊」古文作「𥫗」，籀文侖即從亼從𥫗。𥫗象線穿竹簡之形，取比次義，故侖又訓「理」，《說文·龠部》：「龠，樂之竹管，三孔，以和眾聲也。從品、侖。侖，理也。」侖之二義，曰思，曰理，正分別從「亼」從「𥫗」而得，不必強為貫通。「論」字從「侖」，故而亦有集、理二義。按「論」「綸」古通，《易·屯卦·象》「君子以經論」，《釋文》「論，本亦作綸」。《禮記·中庸》：「惟天下至誠，為能經論天下之大經」，陸德明《釋文》，「論，本亦作綸」。朱注：「綸者，比其類而合之也。」《易·繫辭上》「故能彌綸天下之道」，意與此同。這些都是論為集合義的例子。《大雅·文王之什·靈臺》「於論鐘鼓」之「論」毛鄭不同解，鄭箋謂「論之言倫也」「於得其倫理乎，鐘與鼓也；於喜樂乎，諸在辟廱中者」，《毛傳》謂「論，思也」，《正義》云：「《定本》及《集注》『鏞，大鐘』之下云：『論，思也。』則其義不得同鄭也。」〔註 16〕朱熹《詩集傳》同鄭說謂「論，倫也。言得其倫理也。」〔註 17〕段玉裁謂「於論」為侖之假借，誠是。但必欲以「思」為「理」或未必然。《正義》斷言毛

〔註 16〕〔清〕阮元校刻《十三經注疏（附校勘記）》，北京：中華書局 1980 年版，第525 頁。

〔註 17〕〔宋〕朱熹集注《詩集傳》，北京：中華書局 1958 年版，第 187 頁。

傳「其義不得同鄭」是正確的。筆者以為，當依「思，容也」「容，盛也」，釋「於論鐘鼓，於樂辟廱」為容置鐘鼓以觀樂怡情。《小雅・南有嘉魚之什・形弓》「鍾鼓既設，一朝饗之」，與之有類。此處的「論」字亦當取「集合」為義。〔註18〕

當然，「論」確也有得其倫理的意思，與「倫」通，此從由「龠」而起的「侖」的條理義而來。《釋名・釋典藝》：「論，倫也，有倫理也。」《文心雕龍・論說》：「論者，倫也；倫理無爽，則聖意不墜。」《荀子・解蔽》：「萬物莫形而不見，莫見而不論，莫論而失位。」此所言論即倫，為倫次條理之義。《書序》「討論墳典」《正義》曰：「孔子既懼覽之者不一，不但刪《詩》約《史》定《禮》贊《易》有所點除而已，又討整論理此《三墳》《五典》並三代之書也。《論語》曰『世叔討論之』，鄭以『討論』為『整理』。孔君既取彼文義，亦當然以書是亂物，故就而整理之。」〔註19〕《論語・憲問》：「子曰：『為命，裨諶草創之，世叔討論之，行人子羽修飾之，東里子產潤色之。』」《集解》：「馬曰：『討，治也。』」「裨諶既造謀，世叔復治而論之、詳而審之。」〔註20〕《說文》「討者，治也」，「整者，齊也」，「宷，悉也」（徐鍇注：「采，別也，包覆而深別之。」），即諸《正義》「討整論理」的文字來看，馬融所謂「治而論之」，論當即條理之義，鄭注蓋正從馬說，而孔穎達又從鄭說，是《論語》此章之「論」字正通倫，為倫理、條理之義。

同時，編次竹簡排比順序使有條理不能不有所揀擇，是「論」又通「掄」，《說文》「掄，擇也，從手侖聲。」《國語・齊語》「權節其用，論比協材」，韋昭注：「論，擇也」。《尚書大傳・卷六・略說下》：「子貢曰：『葉公問政於夫子，子曰「政在附近而來遠」；魯哀公問政，子曰「政在於論臣」；齊景公問政，子曰「政在於節用」。三君問政，夫子應之不同，然則政有異乎？』子曰：『荊之地廣而都狹，民有離志焉，故曰在於附近而來遠；哀公有臣三人，內比周以惑其君，外障距諸侯賓客以蔽其明，故曰政在論臣；齊景公奢於臺

〔註18〕古字從「侖」者多有集、合之義。如「輪」，《釋名・釋車》：「輪，綸也，言彌綸也，周帀之言也。或曰轑，言輻總入轂中也。」輪之集合意為通，《戰國策・趙策二》「然而四輪之國也」，輪猶通。再如「淪」，集水則混，《文選・沈約〈奏彈王源〉》「姻婭淪雜」正其例。又集合於水有沉、沒、入、陷、溺諸義，為人熟知。

〔註19〕〔清〕阮元校刻《十三經注疏（附校勘記）》，第114頁。

〔註20〕〔魏〕何晏《論語集解》，第62頁。載中華書局編輯部編《漢魏古注十三經（附《四書章句集注》）》（全二冊）。

樹，淫於苑囿，五官之樂不解，一旦而賜人百乘之家者三，故曰政在節用。』」〔註21〕《荀子‧王霸》「若夫論一相以兼率之」，「論德使能而官施之者，聖王之道也」，均為選擇、揀擇之義。尤其《大傳》引文為子貢和孔子之對話，是孔門用「論」選擇義的明證。

又「論」字從「言」。《說文》「直言曰言，論難曰語」，是「言」兼有「語」義，前引簡朝亮文「言語對文則異，散文則通。記者以『語』為名，語該乎言也」，說「對文則異，散文則通」不差，云「記者以『語』為名，語該乎言也」則非。即諸《論語》來看，子貢說「夫子之文章，可得而聞也；夫子之言性與天道，不可得而聞也」（《公冶長》），言當即所謂「直言曰言」；孔子說「賜也，始可與言《詩》已矣，告諸往而知來者」（《學而》），當即指「論難曰語」層面上的言。「論」字從「言」，故亦兼有二義，可指「敘述、陳說」也可指「議論、分析」。

綜合以上來看，「論」「掄」「倫」均為形聲會意字，造字者在「侖」上加「人」加「手」成「倫」、「掄」二字以分別「侖」字應有的「條理」、「揀擇」義，「論」（力迍切）與二字聲同義近可通，既有「條理」義也有「撿擇」義。「侖」有「思容」義，在「論」字中聲旁表義，故「論」亦有「集聚收容」之義，是亦同「綸」。「論」從「言」，「直言曰言」，故「論」有「敘述、陳說」義；「論難曰語」，故「言」又有「論難」的引申義，《說文》所謂「論者，議也。盧昆切」，意指「議論、分析」，即從「言」得義：此二義與聲符兼表義的「侖」字無關，古人乃微變字音（盧困切，又盧昆切）以表其義並為區別。

《論語》當即孔門弟子收集、討論、選擇、整理和編撰，孔子、門弟子以及在孔門內部流傳較廣的時賢、古明王之言論、故事乃至文化常識而成的一部書。〔註22〕以「論」為名，顯然不是隨意亂取。

道破天機的還是古人。《漢書‧藝文志》：「《論語》者，孔子應答弟子時人及弟子相與言而接聞於夫子之語也。當時弟子各有所記。夫子既卒，門人

〔註21〕〔漢〕伏生撰《尚書大傳》，鄭玄注、王闓運補注，北京：中華書局1991年版（叢書集成初編），第62頁。

〔註22〕《孔子家語‧本姓解》載齊太史子與之言，謂「孔子生於衰周，先王典籍錯亂無紀，而乃論百家之遺記，考正其義，祖述堯舜，憲章文武，刪詩，述書，定《禮》理樂，制作《春秋》，讚明《易》道，垂訓後嗣，以為法式」，此處「論百家之遺記」的「論」當即搜集之義，而門弟子編纂《論語》的過程正亦與此處所言論集考正刪述定制的過程相類。（引文見中州古籍出版社1991年影1933年上海新文化書社本《孔子家語》下冊第64頁。）

相與輯而論纂，故謂之《論語》。」《經典釋文》：「《論語》者，孔子應答弟子及時人所言，或弟子相與言而接聞於夫子之語也。當時弟子各有所記。夫子既終，微言已絕。恐離居已後，各生異見，而聖言永滅，故相與論撰，因輯時賢及古明王之語，合成一法（盧校云：『法』疑『秩』之譌。），謂之《論語》。鄭康成云：『仲弓、子夏等所撰定。』」〔註23〕

雖然前者在內容的概括上有所不備，後者引鄭文所言作者問題也有待推敲。但「輯而論纂」、「相與論撰，因輯時賢」的話顯然同上面所講「論」字「收集、討論、選擇、編撰」的內涵相一致，又非「侖」、「倫」、「綸」、「掄」、「輪」任一所能兼有，此當即以「論」為名的原因之一。

再從《論語》內容來看，全書所記除了直陳其事·徑述其言外，就是以問答論說（孔子同弟子時人、弟子同時人以及門弟子相互之間）形式來記其言、事，是又與「論」字兼有「陳述」與「論說」義的內涵相一致，當是以「論」為名的另一因由。

大約孔子自己確有立言存世教導後學的心志，所謂「有德者必有言」，莊子學派「作言造語」的指謫絕非無的放矢的胡言亂語。今考孔子言論與《論語》書中所引時言古語文風大類，若「君子不黨」（《述而》）、「死生有命，富貴在天」（《顏淵》）、「善人為邦百年，亦可以勝殘去殺矣」「人而無恒，不可以作巫醫」（《子路》）、「陳力就列，不能者止」「有國有家者，不患寡而患不均，不患貧而患不安」（《季氏》）、「見善如不及，見不善如探湯」「隱居以求其志，行義以達其道」（《季氏》）、「好仁不好學，其蔽也愚；好知不好學，其蔽也蕩；好信不好學，其蔽也賊；好直不好學，其蔽也絞；好勇不好學，其蔽也亂；好剛不好學，其蔽也狂」（《陽貨》），若無「聞之」、「有言」一類語詞標記，其與《論語》所見孔門言辭實很難區別。而孟子「遊於聖人之門者難為言」的慨歎更是來自內部的有力證詞。退一步說，即便孔子並無此意，應該講，從上引文字與孔子言在文風上的相像來看，至少在弟子編撰《論語》之時是有著明確的集「語」意識在其中的。生徒弟子無不希望老師的言論能風行於世垂諸久遠是人之常情，以「語」的形式和要求對老師的言論進行彙集和編撰並明確將其書定名為「語」，均應是此一心理的反映。如果說「論」記述著《論語》的先天特徵，那麼《語》則給出了其後天約定。歷史地來看，

〔註23〕〔唐〕陸德明撰，吳承仕疏證《經典釋文序錄疏證：附經籍舊音二種》，張力偉點校，北京：中華書局 2008 年版，第 122 頁。

到了《論語》成書的時候，夫子之言，至少是在孔門內部，也已經流行和流傳了很多年，若「昔者偃也聞諸夫子曰：『君子學道則愛人，小人學道則易使也。』」（《陽貨》）之類〔註24〕可以為證，所以稱書以「語」確也係名歸於實至。

匯總一下，我們說，《論語》當即孔門弟子在彙集、討論、選擇、條理以孔子和孔門弟子為主的言論和行止基礎上，附之以門內流行的時賢和古明王之言而成的，定位為「語」的儒門教材，簡單說，就是條理化的孔門「語」。取「論」為名，詮過程於內容；定性為「語」，昭史實於期許。是即「論語」二字的奧秘處。

三、《論》

就整個中國文化史而言，《論語》的結集都算得上一件不折不扣的大事。當時的門弟子，包括子思，大約都不會想到一本用為教材的語錄會在後世兩千多年的傳誦中滋養數以億計的華夏兒女，而且在地域上還走出神州蔭蘢了整個東亞乃至全球的文化版圖。同後世的榮光相比，《論語》結集，就其影響而言，在當時主要還只是孔門一家的私事。當然，就算只是一家之事，其意義也不可小覷。現在來看，不同語錄版本合訂為一對於八派分裂背景下的儒門而言至少在一定程度上起到了「合而不同」的整齊效果，使得原本自彈自唱的儒門各派開始在統一教材的修習中匯合起集體協奏的悠揚旋律。

不過，先秦學術的田野上，辛勤耕耘的不只孔門一家，作言造語的也不在少數，儒家的麥田再好也不是田野的全部，與麥子一起或者前後的還有道家的葫蘆、墨家的穀子以及為各家所共有的前輩遺留下來的零金碎玉般的名言佳語，等等。恰也因此，在孔子及其卒後的很長時間裏，儒家內部都非常自覺地堅持著「語」的公有性質，沒有人因為麥苗的壯實而把它看成是莊稼的全部。

這在子思以後先秦儒學的兩巨頭，孟子和荀子那裡看得非常清楚。

〔註24〕又《陽貨》：「子路曰：『昔者由也聞諸夫子曰：『親於其身為不善者，君子不入也。』」《子張》：「曾子曰：『吾聞諸夫子，人未有自致者也，必也親喪乎！』」「曾子曰：『吾聞諸夫子：孟莊子之孝也，其他可能也，其不改父之臣與父之政，是難能也。』」《孔子家語‧顏回》：「顏回謂子貢曰：『吾聞諸夫子，身不用禮而望禮於人，身不用德而望德於人，亂也。夫子之言，不可不思也。』」是與《論語》之行文絕類。

《孟子‧萬章》：

咸丘蒙問曰：「語云，『盛德之士，君不得而臣，父不得而子。』
舜南面而立，堯帥諸侯北面而朝之，瞽瞍亦北面而朝之，舜見瞽瞍，
其容有蹙。孔子曰：『於斯時也，天下殆哉岌岌乎！』不識此語誠然
乎哉？」

孟子曰：「否。此非君子之言，齊東野人之語也。堯老而舜攝
也。……舜既為天子矣，又帥天下諸侯以為堯三年喪，是二天子矣。」

《荀子‧君道》：

語曰：「好女之色，惡者之孽也。公正之士，眾人之痤也。循
道之人，污邪之賊也。」

《正論》：

語曰：「淺不足與測深，愚不足與謀知，坎井之蠅不可與語東
海之樂。」

《大略》：

民語曰：「欲富乎？忍恥矣，傾絕矣，絕故舊矣，與義分背矣。」

語曰：「流丸止於甌臾，流言止於知者。」

《堯問》：

語曰：繒丘之封人見楚相孫叔敖曰：「吾聞之也：處官久者士
妒之，祿厚者民怨之，位尊者君恨之。今相國有此三者而不得罪楚
之士民，何也？」孫叔敖曰：「吾三相楚而心愈卑，每益祿而施愈博，
位滋尊而禮愈恭，是以不得罪於楚之士民也。」

「孟軻好辯，孔道以明」，孟子被認為是捍衛儒學的亞聖，其儒門地位僅
次於孔子。孟子說所謂「語云，『盛德之士，君不得而臣，父不得而子。』」
其實只是「齊東野人之語」、鄉民之「語」；《荀子》所引「語曰」內容不在今
本《論語》，《大略》篇有「民語」一詞：可知孟荀本人及其門人後學一樣都
明瞭並堅持著「語」的公有性質（雖然所引之具體內容就其價值和意義來說
與《論語》不可同日而語）。又上引文句或直陳哲言或出以討論，正與《論語》
的敘述方式相同，益證後者定位為「語」期於廣布的名義問題。

事實上，人約在孔子本人也如孟荀一般心知肚明其事，前文引及「南人
有言」一條即其例。

又《荀子‧哀公》：

魯哀公問於孔子曰：「請問取人？」孔子對曰：「無取健，無取
詌（拑），無取口啍（銳）。……語曰：桓公用其賊，文公用其盜。
故明主任計不信怒，闇主信怒不任計。」

《孔子家語‧子路初見》：

澹臺子羽有君子之容，而行不勝其貌，宰我有文雅之辭，而智
不充其辯。孔子曰：「俚語云：『相馬以輿，相士以居』，弗可廢矣。
以容取人，則失之子羽。以辭取人，則失之宰予。」〔註25〕

《尚書大傳‧卷五》：

子曰：『吳越之俗，男女同川而浴。其刑重而不勝，由無禮也。
中國之教，內外有分，男女不同椸架，不同巾櫛。其刑不重而勝，
由有禮也。語曰：「夏后不殺，不刑罰有罪，而民不輕犯。」〔註26〕

近年，《孔子家語》的價值被重新肯定，龐樸先生指出：「對照竹簡，冷
靜地重讀《孔子家語‧禮論》和《禮記‧孔子閒居》，不能不承認，它們確
係孟子以前遺物，絕非後人偽造所成。」〔註27〕更有學者認為「《家語》可
以當之無愧地被稱為『孔子研究第一書』！」〔註28〕筆者以為此論言雖略過、
實也不虛。將《家語‧哀公問政》篇前半部分內容同《中庸》比較，《中庸》
的改動痕跡還是比較明顯。一者合原來「哀公問政於孔子」、「公曰：『子之
言美矣，至矣，寡人實固，不足以成之也』」、「公曰：『政其盡此而已乎？』」、
「公曰：『為之奈何』」四句為「哀公問政」四字，以使「子曰」內容前後連
貫而有磅礴之氣（實際來看，王者能否一氣聽完一篇近千言的哲學宏論仍是
難說）；二者將「夫誠弗勉而中，不思而得，從容中道，聖人之所以定體；
誠之者，擇善而固執之者也」改作「誠者不勉而中，不思而得，從容中道，
聖人也；誠之者，擇善而固執之者也」，以協調前後，並用以照應「中也者，
天下之大本也；和也者，天下之達道也。致中和，天地位焉，萬物育焉」的
主題。〔註29〕上引兩條資料不在《論語》，但作為與《論語》內容同類的資

〔註25〕〔三國‧魏〕王肅《孔子家語》上冊，第98頁，鄭州：中州古籍出版社1991
年版（影1933年上海新文化書社本）。《韓非子‧顯學》亦載此事。
〔註26〕〔漢〕伏生撰《尚書大傳》，鄭玄注、王闓運補注，第51頁。
〔註27〕龐樸《話說「五至三無」》，《文史哲》2004年第1期，第71頁。
〔註28〕楊朝明《〈孔子家語〉通說》，楊朝明注說《孔子家語》，開封：河南大學出版
社2008年版，第71頁。
〔註29〕〔三國‧魏〕王肅《孔子家語》上冊，第85～87頁。在孔子「從容中道」本
來只是「聖人之所以定體」的條件，在子思，去掉了「之所以定體」以後，

料，應該還是能反映某些問題。特別是第二條，即使不好說它表明孔子本人如何如何，但可以用來說明與子思同時和稍前的原始儒者對「語」的性質十分清楚並且不以「語」為《論語》專稱，應該沒有太大問題。而《荀子》以及《尚書大傳》中的材料則足以說明荀子包括其後學以及作為秦時博士漢初鴻儒的伏生教授也是如此。

「語」的公有性質在其他各家的文字中也有佐證。《墨子‧非攻中》，「古者有語：『脣亡則齒寒。』」，「古者有語曰：『君子不鏡於水，而鏡於人。鏡於水見面之容，鏡於人則知吉與凶。』」。《公孟》：

> 有遊於子墨子之門者，身體強良，思慮徇通，欲使隨而學。子墨子曰：「姑學乎，吾將仕子。」勸於善言而學，期年，而責仕於子墨子。子墨子曰：「不仕子。子亦聞夫魯語乎？魯有昆弟五人者，其父死，其長子嗜酒而不葬，其四弟曰：『子與我葬，當為子沽酒。』勸於善言而葬，已葬而責酒於其四弟。……」

此處所講「魯國之語」即在魯國流傳的諺語故事，自然不是說《論語》。

又《管子‧小問》：「語曰：『澤命不渝，信也。非其所欲，勿施於人，仁也。外正，嚴也。質信以讓，禮也。』」《莊子‧秋水》：「野語有之曰『聞道百以為莫己若』者〔註30〕，我之謂也」。所有這些正是我們在這一部分開始所提到的，生長於儒、道、墨、法各家土地上的前人遺留下來的零金碎玉般的名言佳語，其與百家語一起共同見證著「語」作為有價值的語言分類和各家流行言論之通名的公有性質。

總之「語」在先秦是一種價值語言分類判定，各家之言也都在語的範圍之內。《論語》不過是以結集形式出現的「語」類文本之一，類似文本還有與之同時或者還稍早的《國語》，漢代又有《新語》、《新書‧修正語》。

漢代皇室以《論語》作教材，又立《論語》博士，一家之言四海流傳，兼之名家輩出，章句多有，一時盛況空前。隨之儒者文士走筆行文提及《論語》之時，省字簡稱的現象開始湧現。

《論語》有了自己的小名。漢人習慣上叫它《論》。

就成了聖人的標準和根據。《論語》弟子時人問，多出以「××問×」，統一性很強，編纂痕跡較為明顯。

〔註30〕中華書局 1961 版郭慶藩《莊子集釋》作「野語有之曰，『聞道百以為莫己若者』，我之謂也」，陳鼓應《莊子今注今譯》作「野語有之曰：『聞道百以為莫己若者』，我之謂也」。

舉例來看，董仲舒《春秋繁露‧仁義法》有謂：

> ……凡此六者，以仁治人，義治我，恭自厚而薄責於外，此之謂也。且《論》已見之，而人不察，曰君子攻其惡，不攻人之惡。不攻人之惡，非仁之寬與？自攻其惡，非義之全與？此謂之仁造人，義造我，何以異乎？

又《必仁且智》篇：

> 故不仁不智而有材能，將以其材能以輔其邪狂之心，而贊其僻違之行，適足以大其非而甚其惡耳。……《論》之所謂不知人也者，恐不知別此等也。〔註31〕

董子所謂「君子攻其惡，不攻人之惡」、「不知人也」分別見於今本《論語》的《顏淵篇》和《學而篇》。可見，漢初即已出現以《論》簡稱的例子。

《論語集解》引劉向言：

> 《魯論語》二十篇，皆孔子弟子記諸善言也。太子太傅夏侯勝、前將軍蕭望之、丞相韋賢及子玄成等傳之。《齊論語》二十二篇，其二十篇中，章句頗多於《魯論》。琅琊王卿及膠東庸生、昌邑中尉王吉皆以教授。故有《魯論》有《齊論》。〔註32〕

《漢書‧藝文志》：

> 漢興，有齊、魯之說。傳《齊論》者，昌邑中尉王吉、少府宋畸、御史大夫貢禹、尚書令五鹿充宗、膠東庸生，唯王陽名家。傳《魯論語》者，常山都尉龔奮、長信少府夏侯勝、丞相韋賢、魯扶卿、前將軍蕭望之、安昌侯張禹，皆名家。張氏最後而行於世。

對照上下文，《魯論》、《齊論》明顯是《魯論語》、《齊論語》的簡稱〔註33〕。

同書卷八十一《張禹傳》有言：

> 初，禹為師，以上難數對己問經，為《論語章句》獻之。……禹先事王陽，後從庸生，採獲所安，最後出而尊貴。諸儒為之語曰：「欲為《論》，念張文。」

〔註31〕〔漢〕董仲舒撰，〔清〕蘇輿義證《春秋繁露義證》，鍾哲點校，北京：中華書局1992年版（新編諸子集成），第255、257頁。

〔註32〕〔魏〕何晏等《論語序》，《論語集解》第1頁。

〔註33〕《漢書‧藝文志》採自劉歆《七略》，《七略》成自劉向《別錄》，《論語集解》引劉向言及《漢書‧藝文志》俱以《魯論》、《齊論》為言，當是此種承傳關係的具體表現。是以《論語》為《論》因稱《魯論》、《齊論》，三者所同也。

「諸儒」一詞說明此「語」得到很多儒生的認可,這種認可應該也包括了張禹同時諸儒對《論語》簡稱為《論》的肯定。

班固是東漢初年之人,較之生活於西漢末期的張禹略晚。王充在時代上同班固相仿。《論衡・正說篇》有文:

> 說《易》者皆謂伏羲作八卦,……
>
> 說《禮》者皆知禮也,……
>
> 說《論》者皆知說文解語而已,不知《論語》本幾何篇……

趙岐則已到了東漢的中晚期。《孟子・梁惠王》有謂:「左右皆曰賢,未可也;諸大夫皆曰賢,未可也;國人皆曰賢,然後察之;見賢焉,然後用之。」趙注:

> 謂選乃臣隣比周之譽,戁其鄉原之徒。《論》曰:「眾好之,必察焉。」〔註34〕

《公孫丑》:「予豈若是小丈夫然哉!諫於其君而不受,則怒悻悻然見於其面,去則窮日之力而後宿哉!」趙注:

> 我豈若狷狷急小丈夫,悉怒其君而去,極日力而宿,懼其不遠者哉?《論》曰:「悻悻然,小人哉。」言己志大,在於濟一世之民,不為小節也。〔註35〕

這樣,從西漢初期的董仲舒到末期的張禹同時諸儒,從兩漢之際的劉向、劉歆,到生活於東漢初中期的班固、王充,再到生活於東漢中晚期的趙岐,我們在資料相對有限的兩漢為《論語》的簡稱問題找出了一條基本上可以貫穿首尾的線索。值得注意的一點在於,這一線索內的儒者都有著《論》稱《論語》的簡稱習慣。事實上,董仲舒〔註36〕、劉向、張禹以外,其他像劉歆、班固、王充、趙岐都能找到引「語」行文的例子,文見《戰國策》、《漢書》、《論衡》、《〈孟子〉趙岐注》,如《離婁》「無罪而殺士,則大夫可以去;無罪而戮民,則士可以徙」一句,趙岐注謂「語曰:『鳶鵲蒙害,仁鳥憎逝。』此之謂也」〔註37〕者,正是。這些例子進一步說明上述儒者在用《論》簡稱的

〔註34〕 〔漢〕趙岐《孟子注》,第 20 頁。

〔註35〕 〔漢〕趙岐《孟子注》,第 42 頁。新編諸子集成本《孟子正義》引趙注與《漢魏古注十三經》重印之四部備要據永懷堂木校刊木不同,從後者。

〔註36〕 《春秋繁露》引《論語》甚多,每出以「孔子曰」,是知作者取《論》為說,絕非可「論」可「語」隨意為之。

〔註37〕 〔漢〕趙岐《孟子注》,第 72 頁。

同時對「語」的公共性質也保有其清醒的認識。

當然，兩漢文獻中也不乏言出《論語》而標以「語曰」的例子，但明顯都是在「語」類材料的意義上使用，而非專指《論語》。如《鹽鐵論·授時》：「賢良曰：……《語》曰：『既富矣，又何加焉？曰，教之。』……」此處「語曰」之「語」，中華書局標點本加書名號，愚見不然。此條而外，《鹽鐵論》另有「語曰」文字數條，皆不在《論語》，更有一條謂「鄙語曰：『賢者不容辱。』」，是以「語」為價值語言分類判定而不是專書之名的明證。還有一條本諸《孟子》。《園池》篇：「語曰：『廚有肥肉，國有飢民，廄有肥馬，路有餧人。』」《孟子·梁惠王上》（又《滕文公下》）：「庖有肥肉，廄有肥馬，民有饑色，野有餓莩，此率獸而食人也」。《園池》「廚有肥肉」一條雖未全取《孟子》之文，但本諸《孟子》應當無疑。〔註38〕

《新書·容經》載文：「語曰：『沉乎明王，執中履衡。』言秉中適而據乎宜，故威勝德則淳，德勝威則施。威之與德，文若繆繩，且畏且懷，君道正矣。『質勝文則野，文勝質則史；文質彬彬，然後君子。』」〔註39〕此引「文質彬彬」句雖不標出處，但還是足以反映作者「語」為諺語格言之總稱而非《論語》一書之專名的觀念。有謂「賈生才調更無倫」，其與同樣才情出眾的董仲舒，一者知「語」、一者稱《論》可以說有相當的代表性。

自《家語》所載材料到孟子、荀子，再到西漢初中期的伏生、董仲舒、賈誼、司馬遷，西漢中晚期張禹時諸儒，再到兩漢之交的劉向、劉歆父子，東漢前中期的王充、班固，中晚期的趙岐，構成了一條相對明晰的線索，基本上涵括了孔子歿後至於魏晉之前的整個時間段。將這些資料串聯起來，大體可證孔門識「語」、不以為《論》的文化史實。

四、《語》

魏晉以來，隨著《論語》在學術文化界乃至整個社會的廣泛傳播，人們對《論語》的稔熟以及由於《論語》地位尊隆所產生的對包括百家語及《國語》、《新語》、《新書·修政語》在內的諸「語」的遮蔽等，徑取「語」字簡

〔註38〕〔漢〕桑弘羊《鹽鐵論》，王利器校注，北京：中華書局（新編諸子集成）1992年版，第 423、444、271 頁。

〔註39〕〔漢〕賈誼《新書》，閻振益、鍾夏校注，北京：中華書局（新編諸子集成本）2000 年版，第 230 頁。

稱《論語》的現象日漸增多，並趨於流行。

《孔子家語序》

> 孔子二十二世孫有孔猛者，家有其先人之書，昔相從學，頃還家，方取已（以）來，與予所論有若重規疊矩。……今或者天未欲亂斯文，故今（令）從予學，而予從猛得斯論以明相與孔氏之無違也？斯皆聖人實事之論，而恐其將絕，故特為解以貽好事之君子。《語》云：「牢曰，子云，吾不試，故藝。」談者不知為誰，多妄為之說。《孔子家語》弟子有琴張，一名牢，字子開，亦字張，衛人也。〔註40〕

前言「家有先人之書」，後以「《語》云」引今本《子罕篇》文，是以《語》作《論語》無疑。王肅是曹魏時期最為重要的經學大師，其取《語》稱《論》的做法很有些標誌氣息。

唐高宗顯慶四年（659年），李延壽撰成《南》《北》二史，其中《北史・卷八十八・列傳第七十六・隱逸》開篇講到：

> 蓋兼濟獨善，顯晦之殊，其事不同，由來久矣。昔夷、齊獲全於周武，華裔不容於太公。何哉？求其心者，許以激貪之用；督其跡者，矯以教義之風。而肥遁不歸，代有其人矣。故《易》稱「遁世無悶」，「不事王侯」。《詩》云「皎皎白駒，在彼空谷」。《禮》云「儒有上不臣天子，下不事諸侯」。《語》曰：「舉逸民，天下之人歸心焉」。雖出處殊途，語默異用，各言其志，皆君子之道也。

內中「舉逸民」句出今傳本《論語・堯曰》篇首章，謂「興滅國，繼絕世，舉逸民，天下之民歸心焉」。李延壽以《語》同《易》、《詩》、《禮》並提，顯是指代《論語》。同卷《崔賾傳》所載傳主答楊廣（時為晉王）書所謂「讀《論》唯取一篇，披《莊》不過盈尺」的文字，則說明至少在隋大業之前，以《論》簡稱的現象仍然流行。史稱「時晉邸文翰，多成其手」，楊廣「重之不已」，如此，崔賾取《論》為用的做法在當時當非僅見。一卷之中，稱《論》稱《語》，這種難得的巧合，很有一定的表徵意義。

就晉宋間的正史而言，更有些代表性的是不曰《論》但稱《語》的《舊唐書》。

《列傳第四十八・魏知古傳》載傳主上疏諫文：

〔註40〕《孔子家語序》，第1～2頁。載〔三國・魏〕王肅《孔子家語》。

臣聞《穀梁傳》曰：「古之君人者，必時視人之所勤：人勤於
力則功築罕，人勤於財則貢賦少，人勤於食則百事廢。」《書》曰：
「不作無益害有益。」又曰：「罔咈百姓以從己之欲。」《禮》曰：「季
夏之月，樹木方盛，無有斬伐，不可興土功以妨農。」又曰：「季夏
行冬令，則風寒不時。」《語》曰：「修己以安百姓。」此皆興化立
理之教，為政養人之本。

《本紀第十九上·懿宗》：

五月庚申，敕：「慎恤刑獄，大《易》格言。《語》曰：如得其
情，即哀矜而勿喜。而獄吏苛刻，務在舞文，守臣因循，罕聞視事。
以此械繫之輩，溢於狴牢；追捕之徒，繁於簡牘。實傷和氣，因致
沴氣。」

《列傳第一百三十七·忠義上》開篇：

《語》曰：「無求生以害仁，有殺身以成仁。」孟軻曰：「生亦
我所欲，義亦我所欲，舍生而取義可也。」古之德行君子，動必由
禮，守之以仁，造次顛沛，不惑於素。

魏知古上疏在景雲二年（711），唐懿宗敕文在咸通十二年（871），《忠義
上》開篇文字成於後晉天福五年（940）到開運二年（945）《舊唐書》修纂期
間。這三條材料同上舉《北史·隱逸列傳》開篇李延壽文一起共同摹畫著唐
五代時期以《語》簡稱的斷續線條，而《舊唐書》三條材料俱稱「《語》曰」
的情形，或者還可以讓我們得出唐朝而後以《語》簡稱確已風行的推論。

當然，標誌歸標誌，表徵歸表徵，事實上取《論》相稱依然流行。稍後
於王肅的陳壽在《三國志·卷十九·魏書十九》曹植傳文中謂其「年十餘歲，
誦讀《詩》、《論》及辭賦數十萬言，善屬文」，貞觀二十二年（648）唐修《晉
書》成，《列傳第二十》載庾純表文，謂「《易》戒濡首，《論》誨酒困」，皆
可用為王肅時代以《論》簡稱仍然流行的說明。

《魏書·禮志四之一》北魏孝文帝太和十三年（489），拓跋宏詔臣下議
「禘祫」謂：

《禮記·祭法》稱：「有虞氏禘黃帝。」《大傳》曰「禘其祖父
之所自出」，又稱「不王不禘」。《論》曰：「禘自既灌」。《詩·頌》：
「《長發》，大禘。」《爾雅》曰：「禘，大祭也。」……魯禮，三年
喪畢而祫，明年而禘。圓丘、宗廟大祭俱稱禘，祭有兩禘明也。王

肅解禘祫，稱天子諸侯皆禘於宗廟，非祭天之祭。郊祀后稷，不稱禘，宗廟稱禘。禘、祫一名也，合而祭之故稱祫，審諦之故稱禘，非兩祭之名。三年一祫，五年一禘，總而互舉之，故稱五年再殷祭，不言一禘一祫，斷可知矣。禮文大略，諸儒之說，盡具於此。卿等便可議其是非。

其後諸臣奏對亦言「《論》稱『禘自既灌』」云。拓跋宏詔議內容事涉鄭玄、王肅「禘祫」解釋之異同。時在王肅卒後兩百多年。當然，也可看作是稍後歷北魏、東魏、北齊三朝，生活於六世紀前中期的魏收的文字。而陸德明《釋文》「安昌侯張禹受《魯論》於夏侯建，又從庸生、王吉受《齊論》，擇善而從，號曰《張侯論》，最後而行於漢⊔。禹以《論》授成帝」〔註41〕段，自然可用為唐時的證明。

事實上，晉唐時人對「語」的文類性質依然很清楚。《穀梁傳·僖公二年》「語曰：『唇亡則齒寒。』」范寧注：「語，諺言也」。〔註42〕

貞觀六年（632）魏徵答唐太宗：

臣又聞古語云：「君，舟也；人，水也。水能載舟，亦能覆舟。」（《貞觀政要·政體》）

貞觀七年（633）唐太宗謂侍臣曰：

天下愚人者多，智人者少，智者不肯為惡，愚人好犯憲章。凡赦宥之恩，惟及不軌之輩。古語云：「小人之幸，君子之不幸。」「一歲再赦，善人喑啞。」（《貞觀政要·論赦令》）

貞觀十一年（637）侍御史馬周上疏：

俚語曰：「貧不學儉，富不學奢。」言自然也。（《貞觀政要·論太子諸王定分》）

不過種種原因所致，或者僅只是跟風流行的緣故，《語》稱《論語》漸成時尚。五代而後的宋朝，程朱盛稱「《語》、《孟》」，顯係此一習尚的自然延續。

需要指出的是，同晉唐時期一樣，在程朱，仍是並用，既說「《語》、《孟》」

〔註41〕〔唐〕陸德明撰，吳承仕疏證《經典釋文序錄疏證：附經籍舊音二種》，第124頁。

〔註42〕〔晉〕范甯《春秋穀梁傳集解》，第50頁。載中華書局編輯部編《漢魏古注十三經（附《四書章句集注》）》（全二冊）。

也談「《論》、《孟》」。

《二程遺書》載相關語錄多條：

> 學者先須讀《論》、《孟》。窮得《論》、《孟》，自有個要約處，以此觀他經，甚省力。《論》、《孟》如丈尺權衡相似，以此去量度事物，自然見得長短輕重。（《伊川先生語四》）

> 入德之門，無如《大學》。今之學者，賴有此一篇書存，其他莫如《論》、《孟》。（《伊川先生語八上》）

> 凡看《語》、《孟》，且須熟玩味，將聖人之言語切己，不可只作一場話說。人只看得此二書切己，終身盡多也。（同上）〔註43〕

《朱子語類》：

> 《語》、《孟》工夫少，得效多；《六經》工夫多，得效少。（《語孟綱要》）

> 《論》、《孟》、《中庸》，待《大學》貫通浹洽，無可得看後方看，乃佳。（《大學一·綱領》）

> 如《語》、《孟》、《六經》，亦須就自家身上看，便如自家與人對說一般，如何不長進！（同上）

　　儘管是混用，但程朱影響極大，尤其朱子書中徑以「語孟」為名（《語孟精義》、《語孟要義》，也包括《語孟綱領》），是在《四書集注》被定為科舉教材的時代有著巨大的輻射效應，自是可想而知。元修《宋史·列傳第一百八十六·道學一》稱「仁宗明道初年，程顥及弟頤寔生，及長，受業周氏，已乃擴大其所聞，表章《大學》、《中庸》二篇，與《語》、《孟》並行，於是上自帝王傳心之奧，下至初學入德之門，融會貫通，無復餘蘊」，「〔程〕頤於書無所不讀。其學本於誠，以《大學》、《語》、《孟》、《中庸》為標指，而達於《六經》。動止語默，一以聖人為師，其不至乎聖人不止也」，《道學二》說李侗「從之（羅從彥）累年，授《春秋》、《中庸》、《語》、《孟》之說」，或即其後世流響。另如胡安國為邵雍、張載及二程奏請封祀，論二程之學而稱「《六經》、《語》、《孟》」〔註44〕；陳振孫《直齋書錄解題》設「語孟類」，言「國家設科取士，《語》、《孟》並列為經，而程氏諸儒訓解二書常相表裏，故今合

〔註43〕〔宋〕程顥、程頤《二程遺書》，潘富恩導讀，上海：上海古籍出版社 2002年版，第 255、332、340 頁。

〔註44〕〔宋〕胡安國《奏狀》，載潘富恩導讀《二程遺書》。引文見第 408 頁。

為一類」〔註45〕；羅大經《鶴林玉露・丙編・卷之四・日本國僧》引朱子「今世學者，讀書尋行數墨，備禮應數，六經《語》《孟》，不曾全記得三五板，如此而望有成，亦已難矣」〔註46〕之言，論日本僧人勤修苦學事：更是顯證。

當然，簡稱為《語》，並不意味著宋人對「語」的性質已經模糊。朱子答鬼神之問曰「正如俗語罵鬼云：『你是已死我，我是未死你』」（《朱子語類・卷三・鬼神》），程門弟子云「古語有之：『出妻令其可嫁，絕友令其可交。』」〔註47〕與伊川論其事，而伊川許之，都說明程朱對「語」有著清醒的認識。其稱《論》以《語》當是身居儒門意在推尊，不再視《論語》與此種古語、俗語同類之故。後世《語》稱《論語》而樂此不疲，心理緣由蓋與此同。周密《齊東野語・卷十三・甄雲卿》書「諺云：『海壇沙漲，溫州出相』」，《卷十八・晝寢》謂韓愈《論語筆解》為《語解》〔註48〕；羅大經引「凜乎若嚴師之在側」及「有髮頭陀寺，無官御史臺」一類「古語」，復稱「《語》、《孟》、《中庸》、《大學》」云〔註49〕：當即其例。其實，明清以降人們對文類之「語」的性質依然明瞭。焦竑《玉堂叢語・品藻》載解縉贊劉三吾之言，後補稱：「論者又謂三吾文章不如宋濂，而渾厚過之，先見不如劉基，而直亮過之，勇退不如詹同，而事功過之。語曰：『尺有所短，寸有所長。』信哉。」同書《諧謔》：「翰林舊有語云：『一生事業惟公會，半世功名只早朝。』」〔註50〕清杜文瀾（1815〜1881）纂《古今諺》，《凡例》稱：「諺本有韻之言語，故語字可訓諺言，諺亦可稱言稱語。」〔註51〕呂思勉謂「語曰：『為高必因丘陵，為下

〔註45〕 〔宋〕陳振孫《直齋書錄解題》，徐小蠻、顧美華點校，上海：上海古籍出版社1987年版，第72頁。
〔註46〕 〔宋〕羅大經《鶴林玉露》，王瑞來點校，北京：中華書局1983年版，第305頁。
〔註47〕 〔宋〕程顥、程頤《二程遺書》，潘富恩導讀，第295頁。
〔註48〕 〔宋〕周密《齊東野語》，張茂鵬點校，北京：中華書局1983年版，第242、267、327頁。
〔註49〕 〔宋〕羅大經《鶴林玉露》，第43、271、314頁
〔註50〕 〔明〕焦竑《玉堂叢語》，北京：中華書局1981年版，第198、272頁。
〔註51〕 〔清〕杜文瀾《古今諺・凡例》第5頁，周紹良校點，《古今諺》，北京：中華書局1958年版。杜文瀾對「諺」和「語」的關係進行了比較，對諺的範圍作出了嚴格的界定，要義為有韻成句之傳語。愚見，有韻與否亦未必然。諺多簡短，有五七字者，有二三字者，若此之類，多為無韻之語，實在諺言之列，考諸古書，枚不勝舉。文瀾之言，蓋由輯錄之事，故為苛刻之談耳。惟論「諺之用主於流行」（《凡例》第4頁），駕虛而馭實，即用以見體，切中要害，卓然高見。

必因川澤』」，稱「語：敗軍之將，不可以言勇」，云「語曰：『禍兮福所倚，福兮禍所伏。』」，〔註52〕均足為證。

然而，作為後起小名的《語》還是流行了起來。後來人相沿成習，我們也很難說稱「《語》曰」稱「《語》、《孟》」之古今賢達的不是。事實上，站在《論語》一面強調《論語》即《語》、《語》即《論語》，或者站在「語」的角度說「語」非《論語》、《論語》非「語」，都有道理也都有問題。

眼下國學熱潮大盛，《論語》、《孟子》一類儒門舊籍的價值復為各階層人士所關注，注解討論者有之，誦讀講習者有之。乃至有人提出將包括《論語》、《孟子》在內的經學文本選錄彙集用為學校教材，以提高年輕人的國學素養，重續中華民族的文化血脈。如劉夢溪先生即倡議應該在「小學、中學和大學的一二年級設『國學科』而施『六藝之教』」，說：「入手還是通過《論語》、《孟子》、《大學》、《中庸》『四書』，而尤其以《語》、《孟》為取徑，更為便捷。」〔註53〕學人期以學校教育的方式提高青年一代國學素養的良苦用心於中清晰可見。巧合的是劉先生《語》、《孟》並稱的用法正與本文所探討的問題有關。雖然《論》還是《語》的差別，不見得會對國學熱潮的進一步深入，乃至如劉先生所提出的有關青少年國學教育的龐大規劃有多少影響，但若寫進教材而不明其義，說不清「《語》、《孟》」、「《論》、《孟》」的異同，個人以為終是不美，以訛傳訛更是罪過。

綜合來看，作為價值語言分類判定的「語」源於上古存於當世，蓋與文字以來的中華文化歷史相終始。先秦以降以著作形式傳承的百家之言皆在「語」之行列。《論語》也即條理化的孔門「語」。視「語」以文體則《論語》跟《國語》、《新語》略同，以「語」作文類，則《論語》與《老子》、《孟子》同宗。同作為文類的「語」相比，「論」字從形義上更能體現《論語》的形成過程和內容特點，因而在初入官學的漢代即被用為《論語》的簡稱。《語》作簡稱屬於後起。《語》《孟》並稱前大後小，有失協調。當然漢字總是有限，身兼數職事司空見慣，至若文學之論讚、佛家之論藏，皆以「論」為名，取「論」簡稱亦常有見（《世說新語・文學》：「支道林造《即色論》。《論》成，示王中郎，中郎都無言。支曰：『嘿而識之乎？』王曰：『既無文殊，誰能見賞？』」

〔註52〕李永圻編《呂思勉先生編年事輯》（上海書店1992年10月第一版）引呂思勉文字。引文分見第125、128、211頁。
〔註53〕劉夢溪《國學無須「熱」》，《尋根》2009年第3期，第6頁。

〔註 54〕「默而識之」出《論語》，「《論》」指《即色論》。），惟論讚之論要在議論，佛家之論要在義理，指不同向，並行無傷。

「孔子」說「習慣若自然」（《新書・保傅》），今人續稱「《語》、《孟》」自是前承有自，但孔子尚禮，最重得體，「無臣而為有臣」乃有「欺天」之歎，吾輩若總是懵懂，不知「論」、「語」差別，而一味「《語》曰」、「《語》曰」、「《語》、《孟》」、「《語》、《孟》」云，貌似尊之，實則慢之，夫子再世或未之許。論者倫也，倫理之謂也；侖也，編纂之義也。

〔註 54〕〔南朝・宋〕劉義慶撰，（梁）劉孝標注，朱鑄禹匯校集注《世說新語彙校集注》，上海：上海古籍出版社 2002 年版，第 196 頁。

四書的前世流轉

　　作為儒家文獻，學庸論孟在了學時代結束以後經歷了一個社會地位不斷
上升，由子入經的發展過程，至於宋代經二程朱熹的詮釋注解而轉變成堪與
五經抗衡的經學文本，儒家文化由此進入了新時代。然而木有本，水有源，
這一經學史上絕大關節的發生，其緣由還要上溯至「四書」在漢唐間的發展。
惟是此一期間，學庸論孟並未結集，故而很少有人對其進行統一的考察，即
便經學在宋代的轉變及其後的發展事實上已經不容質疑地向我們提出了這
樣一個必須處理的課題。當然，說起來，這也是結集後四書的炫目光華所致。
人民大學朱修春博士所作《四書學史研究》，稱：「迄今為止，直接研究四書
學的專著僅有兩部。一部是季蒙著《主思的理學：王夫之的四書學思想》，
另一部是日本學者佐野公治所著的《四書學史の研究》。前者通過對王夫之
的四書學作個案研究，論述王夫之《讀四書大全說》等四書著述中的唯物主
義思想，其研究重點在於評介王夫之的哲學思想；後者論述四書學的歷史，
但側重的是不被清代以來學者所重視的明代四書學，尤其是晚明的四書學。」
〔註 1〕朱文本身同樣未對此一問題作專門探討。雖然在通論性文化史、思想
史、經學史、文獻學史等類作品中，對「四書」此間的歷史也有梗要概說或
零星專論，但卻常常失於簡約〔註 2〕或缺漏。以此，我們不妨從學術文化承

〔註 1〕 此可參見朱修春（黃愛平教授指導）《四書學史研究·緒言》中國人民大學 2003
　　　　博士論文。
〔註 2〕 若劉師培《經學教科書》（約成於 1905 年）隨專列一節《三國南北朝隋唐之〈論
　　　　語〉學附〈孟子〉、〈學〉、〈庸〉》，雖有提要之功，但三五百字總是太過簡約。
　　　　不過從篇目來看，可以看出，事實上早在一百年前，劉師培先生就已有意對此
　　　　段時期中「四書」的流轉承傳情況作一系統之清理了。劉書以後百餘年間此一
　　　　問題竟無人作系統之展開和接續，言來讓人不禁唏噓感歎，而這尤其凸顯了重
　　　　新梳理、并系統考察此一問題的價值和必須。

繼流轉與學庸論孟存續發展的關係上對其在漢唐間的存在狀態進行一下總體上的清理。雖是掛一漏萬，似亦聊勝於無。

一、躋身官學

漢初，有鑒於秦朝暴政而亡的前車之事且出於休養生息的需要，黃老之學備受推崇。儒學及儒生地位不高。但是與秦時相比，儒學的處境還是有了很大的改善，因而也取得了一定程度的發展。從中央來看，其表現主要有以下幾點。其一，高祖態度的轉變。初時，劉邦對儒生頗感討厭，「溺冠」之事可為憑證。及至陸賈諫以「行仁義，法先王」，作《新語》令「稱善」，〔註3〕叔孫通「制禮進退，與時變化」，令知「皇帝之貴」〔註4〕，他對儒學態度乃有所轉變。其晚年（高祖十一年，前196）祀孔的舉動說明儒學的官方地位已有了較大的提高。其二，惠帝劉盈廢「挾書之律」，從文獻政策上支持了儒學在民間的傳播。其三，文景二帝之時均有儒家文獻列於學官。文帝之時立《韓詩》博士於學官，景帝之時立《齊詩》和《春秋》博士於學官。另，《論語》和《孟子》此一時期亦曾位及於此。據趙岐《孟子題辭》：「漢興，除秦虐禁，開延道德。孝文皇帝欲廣遊學之路，《論語》、《孝經》、《孟子》、《爾雅》皆置博士，後罷傳記博士，獨立五經而已。」傳記介乎經子之間，地位已在其他子書之上。就地方來看，漢初封王之中便有喜倡儒術者，楚元王劉交、河間獻王劉德便是其例。史載獻王於孝景前二年（前155年）立，「修學好古，實事求是」，得書之多「與漢朝等」，且其「所得書皆古文先秦舊書」，內中便有《孟子》〔註5〕。

其時，儒學雖有所發展，但地位並不突出，黃老之學仍處上風。這樣的情況下，部分儒者開始注意吸收黃老思想，進行積極的理論創建，先有賈誼，後有董仲舒。至董仲舒向武帝獻天人三策，後者置五經博士，儒學乃漸居於廟堂，開始了其漫長的官方哲學路程。因此這一階段實乃儒學秦火而後的更生時期，對嗣後包括各種儒家文獻在內的儒學的整體發展實有導引之功。

此一時期，除《論語》、《孟子》曾一度立於學官外，景帝末年（後元三年，前141年）有古文本《論語》的發現。包括其在內的古文經傳的發現〔註6〕，

〔註3〕《史記‧儷生陸賈列傳》
〔註4〕《史記‧劉敬叔孫通列傳》
〔註5〕《漢書‧景十三王傳》
〔註6〕關於古文經發現的年代，說法不一。嚴北溟主編《哲學大辭典‧中國哲學史卷》，將古文經傳的發現繫於前141年（見該書第732頁）。從其說。

對此後的中國文化史發展產生了深遠影響，為而後的今古文之爭預埋了胚芽。

漢武帝之時，立五經博士，儒學經學化，開始逐步成為官方哲學的主流，漢代的統治思想至此因有一變。讀經開始成為仕進的重要途徑。司馬遷承父志作《史記》，以「至聖」稱譽孔子，與其父作《論六家指要》推尊黃老的學術立場形成了鮮明對比，這生動的表徵了其時社會思潮道而後儒的轉變。當五經博士之立，傳記博士不立而廢。但是其學不絕，孔安國注《古論語》當在漢武帝之時〔註7〕。《史記》於《古論語》亦多所稱引。

漢宣帝之時，戴聖編《小戴禮記》將先秦時期據說本為《子思子》篇章的《中庸》和《大學》編入《禮記》之中。《中庸》和《人學》由了書正式進入經學系統。並與大小戴兩種《禮記》一起立於學官。

西漢武帝至元、成二帝期間，是儒學逐步成為官方哲學正統的時期。此間所行「以霸王道雜之」〔註8〕。至元帝和成帝時期，二者篤好斯學，儒學居於獨尊地位。此間的儒家文獻，今古文本並行，通常所謂《論語》三種版本的出現亦在此一時期。

元、成二帝之時儒學獨尊地位的真正確立，與《論語》的傳播不無關係。元帝為太子時曾從蕭望之受《論語》。望之師承夏侯勝，均為《魯論》名家。而成帝所受同為《魯論》。這顯然是二帝篤信儒學的重要原因。成帝於詔書當中對《尚書》和《論語》每每徵引。君主的這種態度有力推動了儒學獨尊地位的真正確立。其外，《論語》結集史上第一個重要版本《張侯論》的產生也與此關係甚大。

《張侯論》的出現，是對西漢開國以來《論語》傳承與流播的一次有力總結，這一歷史節點的到來經過了一段漫長的千帆競秀、百家爭鳴的學術歷程。《漢志》載：「漢興，有齊、魯之說。傳《齊論》者，昌邑中尉王吉、少府宋畸、御史大夫貢禹、尚書令五鹿充宗、膠東庸生，唯王陽名家。傳《魯

〔註7〕據何晏《論語集解序》，「古《論》惟博士孔安國為之訓解，而世不傳……」孔安國生卒之年不詳。《漢書‧孔光傳》載孔安國「以治《尚書》為武帝博士」，《儒林傳》載稱「司馬遷亦從安國問故」，是知安國年齡似應在司馬遷以上（至少相若），後者卒於花甲之年（前86年），一生中的絕大部分時間處在武帝期間。結合安國曾為武帝博士的史實可知其成年以後的主要經歷亦當在武帝期間。又古文經傳的發現在前141年，故孔氏訓解古《論語》時間的最大可能是在武帝時期。

〔註8〕《漢書‧元帝紀》

論語》者，常山都尉龔奮、長信少府夏侯勝、丞相韋賢、魯扶卿、前將軍蕭望之、安昌侯張禹，皆名家。張氏最後而行於世。」這裡記載的是張禹之前今文《論語》的學脈概況。諸賢之書不傳，故其學說情狀已不可考。

從《張侯論》的最終出現來看，此前今古文《論語》的傳播中，今文本具有更多優勢；在今文本內《魯論》較《齊論》為盛。元、成二帝俱學《魯論》非止偶然。這一局面的出現，從一個側面反映了當時今文經盛的史實。其三，有利於《論語》的普及和傳播之外，以《張侯論》的出現為標誌的結集運動更為東漢《論語》入經作了文本上的準備。文本的一致與統一對於位列學官的經書來講是非常重要的，「石經」的出現便是對這一問題很好的說明。「始，魯扶卿及夏侯勝、王陽、蕭望之、韋玄成，皆說《論語》，篇第或異。禹先事王陽，後從庸生，採獲所安，最後出而尊貴。諸儒為之語曰：『欲為《論》，念張文。』由是學者多從張氏，餘家寢微。」〔註9〕《張侯論》的出現對於《論語》版本的統一，對於《論語》經學命運的到來是有其價值及意義的。

漢哀帝之時，劉歆奏請立古文經《左氏春秋》、《毛詩》、《古文尚書》、《逸禮》於學官，今古文經爭由此而起，成為而後東漢經學運動的主要內容。

東漢，《論語》入列學官，一改過去經學運動配角的地位。其初，今文《論語》勢盛。一方面是因為《張侯論》的深遠影響餘韻猶存，另一方面是劉秀強行廢止古文經，力圖恢復今文經正統。中葉以後，純為今文《論語》作注者已不得聞，而沈寂多時的《古論語》再度興盛。馬融曾為之作注，鄭玄注《論語》於《古論語》文本亦多有參考。何晏《論語集解序》謂，「漢末大司農鄭玄，就《魯論》篇章，考之《齊》、《古》，以為之注」。鄭玄師出古文經大師馬融。其時，今古文之爭已有百幾十年，鄭玄「但念述先聖之元意，思整百家之不齊」〔註10〕，以卓絕智慧投身學術，不拘於師法、家法，兼取今古文，遍注群經，暫息兩派紛爭，從而為經學造就了一個「小統一時代」〔註11〕。其《論語注》也體現了這個特點。

其時，「四書」當中以《論語》的社會影響較大。這與以孝治天下的漢朝和皇室對《論語》的重視和習誦有關。西漢之時便有元成二帝少習《論語》的記載。東漢劉秀為明帝延師以授《論語》以及和帝習《論語》的史實至少

〔註9〕《漢書・張禹傳》
〔註10〕《後漢書・鄭玄傳》
〔註11〕皮錫瑞著、周予同注釋：《經學歷史》，中華書局 1959 年版，第 151 頁。

說明了東漢中前期皇室對它的重視。《後漢書》稱某人聰明多以年少通《論語》為證，乃至記皇后也用「十二通《詩》、《論語》」〔註12〕「九歲能誦《論語》」〔註13〕的字樣銘其才。這部分地反映了當時《論語》社會影響的巨大。

同西漢相比，人們對《孟子》的重視也有所提高。《孟子》注本增加不少。西漢為《孟子》作注的只有楊雄一家，還被懷疑是偽作〔註14〕。東漢為《孟子》作注的相傳有五家，程曾、鄭玄、高誘、劉熙和趙岐，傳至現在的惟剩趙岐的《孟子章句》。趙書是迄今能見最早的《孟子》注本，於《外書》四篇棄而不用，於《內書》七篇「證以經傳，為之章句，俱載本文。章別其旨，分為上下，凡十四卷」。同時由於其書成於東漢，因而在訓詁方面保存了不少古義，對於後世之人正確理解《孟子》一書有著特殊的意義和價值。其訓詁《梁惠王》「無望民之多於鄰國也」一語中「多於鄰國」之念為「移民轉粟之善政」〔註15〕，雖未明言「多於鄰國」之「多」為「移動」的「移」，但仍是頗得「要」義。

總之，兩漢時期《大學》、《中庸》〔註16〕由子入經身份和地位有所提升，《論語》和《孟子》的流傳和研究處在起步階段。從社會地位和影響來看，《論語》明顯高過《孟子》。

二、洗染玄風

魏晉南北朝，儒學與玄學、道教與佛教的衝突與融合共同造就了文化多元激蕩的時代境況。其端緒肇始自東漢中晚時期。馬融注書兼及《老子》和《淮南子》，學術流轉的萌動已經發生；王肅注經力抵鄭學，經學統一因而完結。此一時期「四書」當中惟《論語》學頗稱興盛，其他三書湮沒不張。

當漢晉之際王肅、何晏、王弼〔註17〕的《論語》注解作為學術流轉中的

〔註12〕《後漢書·皇后紀·上》

〔註13〕《後漢書·皇后紀·下》

〔註14〕朱維錚編：《周予同經學史論著選集》，上海人民出版社1983年版，第290頁.

〔註15〕〔漢〕趙岐注，〔宋〕孫奭疏：《孟子注疏·卷一上》。

〔註16〕《漢書·藝文志》載有《中庸說》兩篇，說明其時《中庸》雖未從《禮記》當中獨立出來，但已經有人注意到了其內容上的獨立性，開始進行專門的考察。今人郭沂以為今本《大學》就是《漢書·藝文志》所載錄的《中庸說》，時代要早於孟荀。

〔註17〕何晏《論語集解序》對前代《論語》注解情況作了回顧。內中有言：「漢末，大司農鄭玄，就《魯論》篇章，考之《齊》、《古》，為之注。近故司空陳群、

三筆重彩，共同推動和記載了中國學術思想從經學時代到玄學時代的歷史演變。王肅之學前已有言，其以《論語》注解等大量作品的創作震撼了鄭學一統的漢末經學界。何晏、王弼共為「玄宗之祖」。何晏《論語集解》雖「偶而援道以釋儒」，但基本上仍是「以儒家正統觀點來解釋《論語》」〔註 18〕；後者的《論語釋疑》卻「不專注在解滯釋難，而更在其附會大義使與玄理契合」〔註 19〕，已具明顯的玄學印跡。「然而其形上學，雖屬道家，但其於立身行事，實仍尚儒家之風骨也」〔註 20〕（兩漢經學流風在王弼身上依舊可以找到餘韻，只是行為上或許還殘溫仍存，思想上卻是玄風大盛）。三者之中何晏等所作《論語集解》猶為重要。

何書彙集兩漢至晉初間孔安國、包咸、周氏、馬融、鄭玄、陳群、王肅、周生烈等諸家之說，分別良莠，擇善而用，間下己意，注解《論語》，謂之《論語集解》。是為《論語》學史上第一次大規模的學術史總結。特別是《論語集解序》於《論語》的不同版本和傳授以及漢晉以來的注解情狀均作了簡要介紹，成為後世《論語》學研究不可逾越的可見最早的學術史論說之一。許多漢代古注賴該書得以保存。其自出己意的注解中也彌漫著漢代經師章句、訓詁的風習，注文簡潔，重在解字釋詞明句意，罕見義理發揮之處。當然何晏乃玄學鼻祖，該書對於《論語》的注解偶而也透溢出零星的道家氣味。如，「為政以德」章，其引包氏所謂「德者無為，猶北辰之不移而眾星共之」〔註 21〕以為注，便體現了對於道家無為觀念的認同。南北朝時期皇侃在《論語集解》

王肅、博士周生烈，皆為義說。前世傳授師說，雖有異同，不為訓解，中間為之訓解，至於今多矣，所見不同，互有得失」。此處既已提及，則知王肅的《論語》注解在何晏之前。何晏與王弼頗有交誼，《序》中於後者的《論語釋疑》未曾提及，是知《釋疑》之作當在《集解》之後。所以三者前後位序如文中所見，略做說明。

〔註 18〕朱華忠（周國平教授指導）《清代《論語》簡論》，華中師範大學 2002 博士論文，第 12 頁。

〔註 19〕湯用彤撰、湯一介等導讀：《魏晉玄學論稿》，上海古籍出版社 2001 年版，第 82 頁。

〔註 20〕湯用彤撰、湯一介等導讀：《魏晉玄學論稿》，上海古籍出版社 2001 年版，第 93 頁。

〔註 21〕〔魏〕何晏等注，〔宋〕刑昺疏：《論語注疏（附校勘記）》，上海古籍出版社 1990 年版，第 15 頁。對於「為政以德」章漢人（即包咸）「雜黃老之言」謂「德者，無為」，以及朱子因其說而申以北辰之不動若德者之無為的解釋，近人簡朝亮在所作《論語集注補正述疏》中有系統的辯證。參見北京圖書館出版社 2007 年 5 月版該書第 56～58 頁。

的基礎上為之作疏，既疏解《論語》正文也疏解注文，廣徵博引，對何晏而後《論語》學的發展通過疏體撰著的形式進行了又一次的學術史整理。其書亦為後學所宗，宋代邢昺作《論語正義》便很受其影響。

作為經學努力復興的表現，東晉初始即恢復太學和經學博士制度，設《論語》博士一人的舉措，恰從反面說明了當時經學衰落的不爭事實。而皇侃篤信佛教別有《論語義疏》，張譏年十四通《論語》卻喜好玄言的史實，成為其時三教交匯的某種個體性佐證。陸德明於陳至德初年（583 年）〔註22〕，將《論語》等儒家經典同《老》、《莊》並列作《經典釋文》，也在一定意義上說明了當時玄學的昌盛。

與上面所言相符應，在作為經學構成的《論語》學略呈衰微的情況下，作為玄學和佛學的《論語》學漸呈興盛。何晏和王弼共為「正始之音」，而都有《論語》著作存世；道教上清派九代宗師陶弘景於《論語》有集注十卷，釋僧智有略解十卷；唐柳宗元「嗜浮圖言」，卻謂「浮圖誠有不可斥者，往往與《易》、《論語》合，誠樂之，其與性情奭然，不與孔子異道」〔註 23〕。史證多出，不一而足。玄學和佛學家的闡釋，使得《論語》在儒學萎靡之際仍能獨呈異彩，氣象大張，在社會地位有所下降的背景下，《論語》的學術地位反而有所上升。這不能不說是魏晉而來「四書」流轉的一抹異彩，其對於傳統文化在此期間的庚續發展起到了重要的支撐作用。

當然《論語》學漢末至魏晉間的發展並非僅僅對中華學術內容的承轉有所作用，其對於學術形式即傳統的典籍注釋形式的革新，也有其貢獻。鄭玄注經兼採諸家的創作風格為後學承繼，「集解」作為一種新的注釋形式「應運而生」，何晏的《論語集解》即是其表現。「經書的集解形式很快運用到史書及其他書的注釋，並且在一千多年後的今天仍在使用」〔註 24〕，影響非常深遠。之後出現前已言及的皇侃《論語集解義疏》「不僅解釋原文，而且還注釋先人之注」〔註25〕，「是對典籍注釋的一次突破，在注釋史上翻開了新的一頁」

〔註22〕陸德明撰《經典釋文》的年代多所辯駁。吳雁南、秦學頎、李禹階等編《中國經學史》以為當在此年，並有所考證。從其說。

〔註23〕柳宗元《送僧浩初序》，見《柳宗元集·卷二十五》，中華書局 1979 版。引文見第 673 頁。

〔註24〕曾貽芬、崔文印：《中國歷史文獻學史述要》，商務印書館 2000 年版，第 112 頁。

〔註25〕曾貽芬、崔文印：《中國歷史文獻學史述要》，商務印書館 2000 年版，第 123 頁。

〔註 26〕。該法「為唐以後諸學者仿傚，於是各類《正義》接踵問世，使古籍得到更深一層次的整理」〔註 27〕。足見從漢人章句到《論語》鄭注，再到《論語集解》和《論語集解義疏》，中古以前中華文明傳統文獻整注釋方式的沿革與《論語》學的自身發展關係頗大。是對傳統中國學術思維方式和思維習慣的形成有其貢獻與影響。至如所謂「疏不駁注」〔註 28〕，「注不駁經」，實與《論語》學唐代以前的開放品格不侔（若援道學、佛學以解經，若鄭學之兼採今古之類）。

三、走向新生

　　至於隋唐，因魏晉兩朝佛道勃興的輔翼和掩護而成長茁壯起來的傳統史學，開始以品評經文的方式宣布自己的完全獨立。劉知幾《史通》中《惑經》、《疑古》兩篇於《尚書》、《論語》、《春秋》進行了大膽非駁，謂「觀夫子之《論語》也，君取於吳，是謂同姓，而司敗發問，對以知禮。斯驗世人之飾智矜愚，愛憎由己者多矣」〔註 29〕。史學的獨立削減了經學體系的學術基礎（漢代經學籠罩史學），加劇了其在思想陣地中的孤立。其和佛道學說在隋唐時代的繼續興盛一起將隋唐經學推向了危機關頭。開元二十一年（734 年）「春正月庚子朔，制令士庶家藏《老子》一本，每年貢舉人量減《尚書》、《論語》兩條策，加《老子》策」〔註 30〕，適為其時經學衰微的某種官方表現。

　　出於抗衡外教、存續自身的客觀要求，南北朝期間各派林立的經學分裂局面隋唐時開始出現統一的趨向。隋朝時劉焯於「賈、馬、王、鄭所傳章句，多所是非」，劉炫「於《論語》孔、鄭、王、何、服、杜等注，凡十三家，雖義有精粗，並堪講受」〔註 31〕；唐初修《五經正義》，纂「五經定本」，中唐而後創立包括《論語》在內的「石壁九經」，等等皆為其反映。大有「兄弟鬩于牆，外禦其務（通『侮』）」〔註 32〕的味道。然而經學體系內部長期的紛爭

〔註 26〕 曾貽芬、崔文印：《中國歷史文獻學史述要》，商務印書館 2000 年版，第 125 頁。
〔註 27〕 曾貽芬、崔文印：《中國歷史文獻學史述要》，商務印書館 2000 年版，第 128 頁。
〔註 28〕 皮錫瑞著、周予同注釋：《經學歷史》，中華書局 1959 年版，第 201 頁。
〔註 29〕 《史通·疑古》
〔註 30〕 《舊唐書·玄宗紀》
〔註 31〕 《隋書·卷七五·儒林列傳》
〔註 32〕 《詩經·小雅·鹿鳴之什·常棣》

攻訐所造成的不同學說流派的紛繁和發達致使憑藉傑出大儒統一經學的可能變得越來越小，經學要想再一次在思想學說上達成統一共識，最好的辦法是去拓展文本經治的新領域。這主要體現在中唐而後《孟子》、《大學》、《中庸》的漸被發現以及其社會地位、學術地位的改變上。

《孟子》研究在東漢末期一度有所發展。然而玄學的衝擊令儒學研究趨於衰弱，作為子書的《孟子》鮮有問津。魏晉間「只出現了一部《孟子》專著，即綦毋邃的《孟子》注」〔註33〕，而後的南北朝時期更出現了絕學不繼的淒涼境況。

中唐以後，《孟子》之學瑰寶重光。是為隋唐時期四書發展中最為顯著的特徵。其一，社會地位有所提高。韓愈借鑒二氏之學，以道統出來盛讚孟子，後者的社會地位因而顯著提高。宋代以前，《孟子》不曾入經，但這一時期已有人提出了《孟子》位列經書的要求。韓愈道統說之前，唐代宗寶應二年（763年），禮部侍郎楊綰請以《孟子》入經，未果。晚唐之時，皮日休復倡此聲，不遂。儘管二人的請求均未被接受，但至少說明時人對《孟子》認識有了新的變化，《孟子》的社會地位已有所提高，所謂「自韓愈、皮襲美諸儒尊崇《孟子》，遂開宋儒尊孟之先」〔註34〕，確非虛言。其二，學術地位趨於重要。和魏晉南北朝相比隋唐時期的《孟子》研究有了很大起色，見於著錄的有陸善經、張鎰、丁公、劉軻、林慎思五人的著作，其中張鎰作《孟子音義》，「是為《孟子》注音的第一個人」〔註35〕，「丁氏對《孟子》音義的注釋頗為精審，他的許多說法都被後世研究《孟子》者所採用」〔註36〕，「劉軻對《孟子》思想理解很深，頗有心得」〔註37〕；所有這些使得唐時的《孟子》研究「與魏晉南北朝和隋相比，則可謂極一時之盛了」〔註38〕。

其時，《大學》和《中庸》的學術地位也有所上升。「《大學》本為《禮記》中之一篇，又為荀學，漢以後至唐，無特別稱道之者」，「韓愈《原道》，特引《大學》」，「此後至宋明，《大學》遂亦為宋明新儒家所根據之重要典籍焉」；《中庸》同樣本為《禮記》中之一篇，李翱《復性書》「特別提出之，此後《中

〔註33〕董洪利：《孟子研究》，江蘇古籍出版社1997年版，第175頁。
〔註34〕劉師培著，陳居淵注：《經學教科書》，上海古籍出版社2006年版，第80頁。
〔註35〕董洪利：《孟子研究》，江蘇古籍出版社1997年版，第187頁。
〔註36〕董洪利：《孟子研究》，江蘇古籍出版社1997年版，第189頁。
〔註37〕董洪利：《孟子研究》，江蘇古籍出版社1997年版，第191頁。
〔註38〕董洪利：《孟子研究》，江蘇古籍出版社1997年版，第184頁。

庸》遂為宋明新儒家所根據之重要典籍」〔註39〕。韓李的重視使二書的價值日漸彰顯。

發掘《中庸》《大學》和標榜《孟子》之外，韓李二人還有《論語筆解》之作。該書空言解經的做法迥異於中唐以前經學領域裏墨守漢儒的風格，頗有宋學的光影，古文經師劉師培所謂「附會穿鑿，緣詞生訓，遂開北宋說經之先」〔註40〕云云，正是某種批判式肯定。《古今書錄》於經部新增經解類，將《隋志》入《論語》類的《五經異議》、《六藝論》類歸「經解」，從而使文獻分類中的《論語》一類愈益純粹，而這從一個側面體現了期間《論語》學中漸漸呈現的主體性自覺。

整體來看在以五經為骨幹的經學體系式微的背景下，《論語》學的興盛和發展使前此僅僅作為傳記的該書在經學內部的文本體系中逐漸擺脫了五經光華的籠罩、放射出個性張揚的獨立色彩，而長期研習所累積的學術沉澱和不同群體的目光彙集，更使其在而後四書學的建構中理所當然的承擔起了形宿群體基礎、深厚底蘊根基的時代責任。人們對於《論語》的舊愛會同其對於《孟子》《大學》《中庸》的新近闡發，一起為中華文化隋唐之後的歷史流轉準備了條件。

漢宋之間「四書」的存續變化，既洗印著整個中國文化承繼流轉的痕跡，又一定程度上表現出自身的主體性特徵；既構成了傳統文化複雜內容的有力支撐，又充當著文化衍存和發展的重要動能，在建構和引導漢代至隋唐間中華文化的過程中發揮了獨特的歷史作用。而這些正是其在兩宋時期被認可和整理並最終匯總為新的經學文本以抗衡釋道搶救儒學的厚重基礎。

〔註39〕馮友蘭：《三松堂學術文集》，北京大學出版社1984年版，第216～217頁。
〔註40〕劉師培著，陳居淵注：《經學教科書》，上海古籍出版社2006年版，第79頁。

民國目錄書四書題錄舉例

　　民國時期的四書文獻題錄新舊兼存，形式多樣，有繼承，有發展，足為民國目錄學發展情狀之表徵。試從目錄分類入手對此作一簡單梳理。

一、藏書目錄

　　民國時私人藏書衰落，公共藏書漸興，私藏目錄眾多，公藏目錄日盛。

　　私藏目錄如周子美所撰《嘉業堂鈔校本目錄》，載錄四書文獻四種，即宋陳道祥著《論語解十卷》、清吳懋清著《四書權解錄二十六卷》、清周慶承著《四書典故備考殘本不分卷》、日本物貿卿著《論語徵十卷》，首書名、卷數，次作者，次版本，次冊數，次舊藏歸屬，皆精鈔之本。〔註1〕如小草齋皮紙鈔本《論語解十卷》，葉德輝《書林清話》臚列明以來之鈔本 20 餘家，小草齋鈔本位列其中，言曰：「明以來鈔本書最為藏書家所秘寶者，……曰謝鈔，長樂謝肇淛在杭小草齋鈔本也」〔註2〕云云。民國時期的私藏目錄往往有對四書文獻的題錄，不再一一舉例。

　　公藏目錄中之最重要者莫過《續修四庫全書總目提要》。

　　恰如《四庫全書總目》之修流溢著乾隆朝強盛的榮光，《續修四庫全書總目提要》〔註3〕的編纂深鐫著近代中國神州陸沉的悲涼。「本世紀二十年代初，

〔註1〕〔吳興〕周子美編：《嘉業堂鈔校本目錄　天一閣藏書經見錄》，上海：華東師範大學出版社，1986 年版，第 10 頁。

〔註2〕葉德輝著.劉發、王申、王之江校點：《書林清話：附書林餘話》，瀋陽：遼寧教育出版社，1998 年，第 226～227 頁。

〔註3〕為文字計，下文《四庫全書總目》或稱《總目》，《續修四庫全書總目提要》或稱《續總目》。

日本政府迫於國際和國內的壓力，決定比照美、英等國的先例，將『庚子賠款』的一部分『退款』給中國，並趨向於將這筆鉅款的一小部分用於中國的文化事業，由此而引出的三個文件就成了正式著手編纂《續修四庫全書總目提要》的發端。」〔註4〕「幾代中國學者未能實現的編纂《續修四庫全書總目提要》的夙願，竟由日本人出面，用『庚子賠款』，組織中國的優秀學者，在抗日戰爭的年代裏，得以實現，不僅令人唏噓不已！」〔註5〕悲夫。

民國時期，雖然《續總目》的編纂計劃大體完成，但是並未最後成書。上世紀九十年代，在中科院、中華書局和齊魯書社的共同努力下，此稿得以悉數出版。其中所錄四書文獻情況略見下表：

《續修四庫全書總目提要》四書文獻統計簡表

統計類目		大學	中庸	論語	孟子	四書總義	合計
本國	先秦		1，1	1，1	3，6		5，8
	漢			6，14	7，10		13，24
	魏			6，6			6，6
	晉			17，17	1，1		18，18
	南北朝			10，6			10，6
	隋						
	唐			1，1	3，3		4，4
	宋		1，1		4，15	1，19	6，35
	元					2，8	2，8
	明	12，23	2，2		3，25	24，131	41，181
	清	62，93	46，59	75，433	52，220	239，2265	474，3070
國外	日本	1，1		3，22	1，1		5，24
	朝鮮	1，2	2，31	1，3	2，3	1，4	7，43
總計		76，119	52，94	120，503	76，284	267，2427	591，3427

〔註4〕《續修四庫全書總目提要·羅琳序》，濟南：齊魯書社，1996年版，第2頁。
〔註5〕《續修四庫全書總目提要·羅琳序》，濟南：齊魯書社，1996年版，第12頁。

撰者及撰數	倫明 62 吳廷燮 1 趙錄綽 2 孫海波 5 葉啟勳 1 江瀚 2 余寶齡 1 柯昌濟 1	倫明 46 孫海波 3 吳廷燮 1 張壽林 2	劉白村 2 葉啟勳 7 江翰 74 傅惜華 1 倫明 24 孫海波 10 張壽林 1	謝興堯 1 倫明 60 葉啟勳 2 江翰 9 孫海波 3 張壽林 1	劉思生 1 倫明 222 羅繼祖 1 孫海波 14 江瀚 18 余寶齡 3 葉啟勳 4 謝興堯 1 趙錄綽 1 柯昌泗 1 韓承鐸 1	
備註	1、馬國翰輯《中庸解》一卷無明確朝代，暫置於先秦時期。2、董洪利《孟子研究》推測：孟子及其弟子著書之時，擇取平時言論資料僅止於七篇，並以七篇為定本以傳後世。七篇之餘的資料，孟子的後學或其他後世之人取以內容分類，續成四篇，流傳於民間。若此，則《外書》之編當即始於《孟子》成書後不久。因置宋劉攽所注《孟子外書》於先秦。3、其中殘卷、殘本、不分卷 54 種。4、日本太宰純《論語古訓十卷》及清王訢輯《古本大學集說三卷》原稿本均不署提要撰者，故而「撰者及撰數」欄未對其進行統計。					

統計說明：1、本表以中國科學院圖書館整理、中華書局 1993 年 1 版《續修四庫全書總目提要・經部》（全二冊）〔註6〕中所錄四書文獻為統計對象。2、表中數字前為文獻種數，後為卷數。3、《提要》中之殘本、殘卷、不分卷等文獻以零卷計。

附：《四庫全書總目》四書文獻〔註7〕統計簡表

統計類目		大學	中庸	論語	孟子	四書總義	合計
朝代	先秦						
	漢				1，14		1，14
	魏			2，30			2，30

〔註6〕「1935 年後，北京人文科學研究所曾陸續將提要稿本打印後分送給日本『東方文化學院京都研究所』（日本京都大學人文科學研究所的前身），在分送了一萬零八十餘種提要後便告中止，這部分提要僅及稿本的三分之一。」（《續修四庫全書總目提要・羅琳序》，齊魯書社，1996 年版，第 11 頁）1972 年臺灣商務印書館據此出版了一套《續修四庫全書提要》。內中所載四書文獻與齊魯書社 1993 年版《續修四庫全書總目提要・經部》所載偶有異同，如前者所錄《滿漢字合璧四書集注》（無撰人名氏）、《論孟語錄》（明黃汝亨）、《四書正體校正字音》（不著撰人名氏）等（見臺灣《中華文化百科全書》第一編、第一章《經學》、七四書類）即為後者所無，最好參照使用。

〔註7〕此表不包括存目類。存目類單獨統計。

	大學	中庸	論語	孟子	四書總義	合計
晉						
南北朝						
隋						
唐			1，2			
宋	1，1	2，6	6，36	6，59	7，165	22，267
元					11，143	11，143
明			3，32	1，4	6，77	10，113
清	2，11		3，26	1，2	9，121	15，160
總計	3，12	2，6	15，126	9，79	33，506	62，729
備註	《總目》中合編分論之作如朱子《大學章句一卷、論語集注十卷、孟子集注七卷、中庸章句一卷》，合其卷數，以書一種入四書總義。					

統計說明：1、本表以〔清〕永瑢等撰、中華書局 1965 年 1 版《四庫全書總目》（全二冊）中所錄四書文獻為統計對象。2、表中數字前為文獻種數，後為卷數。3、不分卷文獻以零卷計。

附：《四庫全書總目》四書文獻存目類統計簡表

統計類目		大學	中庸	論語	孟子	四書總義	合計
朝代	宋				1，1	1，52〔註8〕	2，53
	元					1，20	1，20
	明	7，26	2，2	1，20	2，21	26，649	38，718
	清	6，6	3，8	2，4	1	41，486	53，504
總計		13，32	5，10	3，24	4，22	69，1207	94，1295
備註		1、《總目》中合編分論之作如李埈《論語傳注二卷、大學傳注一卷、中庸傳注一卷、傳注問一卷》，合其卷數，以書一種入四書總義。2、存目類中《蘇評孟子二卷》、《孟子解二卷》、《或問小注三十六卷》、《四書問目》、《論語孟子考異二卷》、《中庸合注一卷》多係偽託之作，作者不明，故不予統計。3、明孫慎行撰《元晏齋困思鈔三卷》，據《總目》不足明其類別歸屬，不作統計。4、四書類存目計 101 部 1341 卷。					

統計說明：1、本表以〔清〕永瑢等撰、中華書局 1965 年 1 版《四庫全書總目》（全二冊）中所錄四書存目類文獻為統計對象。2、表中數字前為文獻種數，後為卷數。

〔註 8〕周在延編《朱子四書語類五十二卷》「乃於朱子語類中專取四書諸卷刊行，別無增損，亦無所考訂發明」（《總目》語），故計入宋代四書總義類。

同《總目》所錄四書類提要相比，晚出的《續總目》有如下特點：

一：廣搜羅。《續總目》收明代（包括明代）以前四書文獻 105 部，總目（包括存目）為 87 部；《續總目》收清代四書文獻 400 餘部，《總目》（包括存目）為 68 部。兩相比較，前者搜羅明顯廣博。

二：詳撰者。《續總目》於每篇提要均題明撰者，這有助於讀者因人讀文，辨其是非，明所去取。

三：明版本。《總目》提要疏於版本，眾所周知。《續總目》於所錄之書詳注版本，稿、鈔、刊、刻，並年代、藏主等，注錄明顯較《總目》細緻。

四：精分類。《總目》承《明史·藝文志》之例，學庸論孟之書均入四書類，但紛然雜陳，凌亂無序。《續總目》於四書類下又分論語、大學、中庸、孟子、四書總義五屬，群書各歸其類，梨然有致。體現了文獻分類上的演革變化。細考《續總目》的纂修過程以及當時日本相應目錄書的分類方法，可以發現在四書分類上《續總目》受到了日本分類思想的影響。限於篇幅，不再詳解。

五：昭進步。《續總目》所收之書有影印自外國者，如《論語鄭氏注殘卷》（民國二年羅振玉影印敦煌寫本）、《敦煌寫本論語卷首一卷》（影印本），均為輾轉影印自法國而後收錄《續總目》的作品。其時技術手段、文化交流等方面的進步由此可見一斑。從學術門類上來講，上述兩本既是傳統經學文本，更關涉新興之敦煌學及國際漢學，是學術發展時代進步的某種表現。其次，《總目》雖也有收錄外人著作但以他國為藩屬，所言「外國之作，前史罕載，然既歸往化，即屬外臣，不必分疆絕界」〔註9〕，是其表現。《續總目》收入日朝兩國四書文獻，已不見此種言論，這曲折反映了近代國人在幾經坎坷之後對外觀念上的進步。

當然《續總目》亦有其不足，如學術價值上遜於《總目》，缺少總纂，題錄內容不免重複繁衍等等。這些在四書文獻題錄中均有所表現。

二、史志目錄

藏書目錄之外，大宗題錄四書文獻的要屬史志目錄。民國時期史志目錄首推《清史稿·藝文志》。

清代至民國的官方目錄書序列必推《明史·藝文志》、《總目》、《清史稿·

〔註9〕《四庫全書總目·卷首凡例》。

藝文志》、《續總目》四部，《清史稿・藝文志》在時間上介乎三者中間，這種承前啟後的地位從包括四書類在內的經部文獻分類中也能發現。《明史・藝文志》之經部，一曰易類，二曰書類，三曰詩類，四曰禮類，五曰樂類，六曰春秋類，七曰孝經類，八曰諸經類，九曰四書類，十曰小學類。《總目》亦分十類，曰易、曰書、曰詩、曰禮、曰春秋、曰孝經、曰五經總義、曰四書、曰樂、曰小學。《清史稿・藝文志》分十類：一曰易類，二曰書類，三曰詩類，四曰禮類，五曰樂類，六曰春秋類，七曰孝經類，八曰四書類，九曰經總義類，十曰小學類。《續總目》分十二類，曰易、曰書、曰詩、曰禮、曰樂、曰春秋、曰孝經、曰四書、曰小學、曰石經、曰群經總義、曰彙編。詳審明辨，期間之傳承沿革清晰可見。《清史稿・藝文志》對《明史・藝文志》和《總目》分類思想的因革為《續總目》所承繼並續有發展。三百年間四書文獻傳統分類地位的遞嬗變化從中約略可見。

《清史稿・藝文志》共收四書類文獻 208 部，1257 卷。《總目》所載清儒四書類作品 15 部悉數收錄，《存目》所載清代作品 53 種收錄 16 種。作品卷數偶或有所出入，如毛奇齡《論語稽求篇》，《總目》題四卷，《藝文志》題七卷，原因不詳。

從體例到內容，《清史稿・藝文志》與《明史・藝文志》及《總目》間的承繼關係清楚可見。朱師轍所謂「四部分類，多從《總目》。審例訂訛，間有異撰，清儒著述，《總目》所載，拇採靡遺，《存目》稍蕪，斟錄從慎」〔註10〕，是也。

收錄全部《總目》及部分《存目》中清代四書文獻外，《清史稿・藝文志》還大量收錄了輯佚類四書文獻。輯佚活動至清馬國翰達一空前高度。所輯《玉函山房輯佚書》搜羅宏富、卷帙浩繁，經部尤多。中有論語類 40 種，孟子類 9 種〔註11〕，為《清史稿・藝文志》全部收錄，置於四書類末。馬國翰輯佚書外，還收有趙在翰、曹庭棟、李調元所輯四書文獻各一部。這種做法為《明史・藝文志》及《總目》所無。清中期以後輯佚成就輝煌奪目，《清史稿・藝文志》採錄輯佚之書，是對清代這一文獻學運動的客觀回應。但將輯佚書附置卷末的做法說明此書對於傳世文獻和輯佚文獻尚不能平等看待。這種情況到《續總目》的編纂發生了改變。所錄四書類文獻第一部即為馬國翰所輯《齊

〔註10〕《清史稿・藝文志》朱師轍序。
〔註11〕上海圖書館編：《中國叢書綜錄》，上海：上海古籍出版社，1982 年版，第 391 ～392 頁。

論語》一卷。說明當時學者已經完全認可了優秀輯佚作品的學術價值，始將傳世書與輯佚書同等對待。

《明史・藝文志》四書類收書 59 部、712 卷。比照前者，《清史稿・藝文志》搜羅不可謂不豐，用力不可謂不勤。但缺撼之處也很明顯。曰重（同書再錄），曰誤（書歸非類），曰疏（書多遺漏）。四書文獻被重複著錄者，如劉台拱之《論語駢枝》，此書既歸四書類，「復出《劉氏遺書》」，「《劉氏遺書》，既見雜家，又見別集」。〔註12〕所謂誤，指部居舛誤，如范希曾所論朱駿聲《六書叚借經徵》四捲入四書類，頗有未安〔註13〕之例。較前兩點更為嚴重的是文獻缺載問題，即所謂疏。武作成編《清史稿藝文志補編》，補錄四書文獻 301 部 1845 卷，數量較原作尤多；王紹增先生主編的《清史稿藝文志拾遺》在此基礎上又補錄 562 部；舊作之失不言自明。

清代以來，學者中不斷有人作續補前代志書的工作。民國時期題錄四書文獻的史志目錄，除新撰如《清史稿・藝文志》外，還出現了多種續補著作，內中也涉及大量四書文獻。以文章字數所限，不再對其中的四書文獻題錄逐一進行梳理。

三、舉要目錄

張之洞作《書目答問》以來，舉要目錄漸多。胡適《一個最低限度的國學書目》和梁啟超《國學入門書要目及其讀法》便即此類。二者在內容上有許多不謀而合的地方。對於《四書》的重視便即其一。

胡目分所謂工具之部、思想史之部、文學史之部，臚列書目達 160 多種。《四書》被置於思想史之部二十二子之後，緊隨其後的是孫詒讓《墨子閒詁》、郭慶藩《莊子集釋》、王先謙《荀子集注》。前後皆子書的位置安排，體現了胡適以《四書》為子書的學術觀念，是為民國而來《四書》轉子時代命運的一種側面反映。

梁目分為五類〔註14〕，第一類為「修養應用及思想史關係書類」，以《論

〔註12〕《清史稿藝文志即其補編（附索引）》，北京：中華書局，1984 年版，第 320 頁。
〔註13〕《清史稿藝文志即其補編（附索引）》，北京：中華書局，1984 年版，第 321 頁。
〔註14〕近代以來隨著大量新興學科的成長和西方分類思想的引進，傳統的相對穩定的經史子集分類法受到了很大衝擊。部類分合當隨宜而定，這是我國文獻學界的通識。因知近代以來分類方法的大變動實乃理有固然。胡、梁二目均未將《四書》按傳統習慣歸類，是一個表現。

語》、《孟子》居首。任公以為「《論語》為二千年來國人思想之總源泉,《孟
子》自宋以後勢力亦與相埒,此二書可謂國人內的外的生活之支配者」,「希
望學者熟讀成誦,即不能,亦須翻閱多次,務略舉其辭,或摘記其身心踐履
之言以資修養」。之後他又對二書的讀法進行了比較詳盡的導論。講:「《論
語》、《孟子》之文,並不艱深,宜專讀正文,有不解處,方看注釋。注釋之
書,朱熹《四書集注》,為其生平極矜慎之作,可讀。但其中有墮入宋儒理
障處,宜分別觀之。清儒注本,《論語》則有戴望《論語注》,《孟子》則有
焦循《孟子正義》最善。」並對戴震《孟子字義疏證》、焦循《論語通釋》
及陳澧《東塾讀書記》中《讀孟子》之卷的價值進行了深一步的闡釋。論及
《禮記》,其強調「吾希望學者將《中庸》、《大學》、《禮運》、《樂記》四篇
熟讀成誦」〔註15〕。云云。

後來梁啟超為青年學生考慮,再開一《最低限度之必讀書目》,列書 26
種,以《四書》為第一部,五經隨後,說明其對《四書》十分重視。

二目之外,民國時期舉要目錄還有陳伯英《國學書目舉要》,為文字計,
不述。

四、版本目錄

宋代而來,文獻版本問題日益凸顯,目錄之書亦漸重版本題錄。民國之
時版本學自成專學(專著如葉德輝續《書林清話》之《書林餘話》,錢基博之
《版本通義》,柳貽徵《中國版本略說》),版本目錄亦從群目當中獨立出來。
較早的一部版本目錄是清邵懿辰所作《增訂四庫簡明目錄標注》。該書在《四
庫全書簡明目錄》的基礎上標注版本而成。民國范希曾作《〈書目答問〉補正》
與其相似。范氏為學緒接邵氏,自稱「竊自比於《橋西雜記》所載邵位西標
注簡明目故事」,復言「凡所採獲,大抵邵、莫諸家目所未及詳也」〔註16〕。
其書以《書目答問》初印本為底本,正誤拾遺,補錄圖書 1200 餘種,多為近
代學者著作和未刊稿本及新發現的古籍善本。該書的出現使得版本目錄流脈
綿延,在諸種目錄分科中傲然而呈獨立之勢。

范書補注及原書題錄四書文獻情況略見下表:

〔註15〕梁啟超:《飲冰室合集・專集之七十一・國學入門書要目及其讀法》,北京:
中華書局,1989 年版。
〔註16〕范希曾編、瞿鳳起校點:《書目答問補正・范希曾跋》,上海:上海古籍出版
社,1983 年版,第 361 頁。

統計類目		書種	卷數	版次	按語	備註
原書	大學	2	6	2		〔宋〕孫奭《孟子音義二卷》注版本 6種。為此類書中題錄版本種數之最。
	中庸					
	論語	17	127	22		
	孟子	10	77	16	1	
	總義	10	143	13	2	
合計		39	353	53	3	
補原書	大學					
	中庸					
	論語		3 處	9	1	
	孟子			8	1	
	總義		1 處	4		
合計			4 處	21	2	
補新書	大學	1	1	1		
	中庸	1	1	1		
	論語	8	54	13	2	
	孟子	6	18	7	1	
	總義	3	5	4		
合計		19	79	26	3	

統計說明：本書以范希曾編、瞿鳳起校點，上海古籍出版社 1983 年版《書目答問補正》所載四書類文獻為統計對象。逢張書所載卷數有誤處，一從其數，而不依校正數字。

　　范書所錄四書文獻的版本情況有三點值得注意。

　　首先：所錄諸種版本以叢書本居多。邵氏書及張氏書均收錄大量叢書版本，范書亦然。明清以來的圖書刊刻中叢書勃興，至民國時期叢書出版更盛。書中大量叢書版本的題錄，是有其時代原因的。

　　其次：影印本。范書補張書《孟子音義二卷》條，增錄兩種新本，一為光緒壬辰榮成孫氏山淵閣刻，日照許氏校影宋本，一為羅振玉影印宋蜀大字本。近代影印技術的興起使得原有的各種版本均出現了一個原本和影印本的問題。這是近代文獻學始有的一種新現象。

　　最後：報刊本。范書四書類中還題錄有報刊載文獻兩種，即戴震《中庸補注一卷》（此為范書四書類中唯一的一部中庸類文獻）和劉寶楠《論孟集注

附考二卷》。二者均載《國粹學報》。近代以來，報刊興起，及至民國，更加繁盛，成為了民國時期文獻版本的一大種類。此間有許多四書類專著（包括譯著）都曾刊載於報紙或雜誌（例多不舉）。

五、鬻販目錄

孫殿起《販書偶記》是鬻販目錄的代表。分論語、學庸、孟子、四書共四類，題錄大量四書文獻。統計列表如下：

書類＼時期		順治	康熙	雍正	乾隆	嘉慶	道光	咸豐	同治	光緒	宣統	民國	稿本	抄本	合計
中國著作	學庸		2	1	3	7	9	3	1	14	1	7	2	1	51
	論語				2	6	9	4	7	11	1	10	4	6	60
	孟子				4	3	3		1	4	2	3	1	2	23
	四書	1	12	2	16	32	28	6	12	25	1	2			137
	合計	1	14	3	25	48	49	13	21	54	5	22	7	9	271
	備註	1、黃崗范氏刊《論語正義二十四卷》不知刊年，未作統計。2、學庸類中有天啟間刊《學庸真旨三卷》及近刊本《大學通義一卷》未予統計。3、雙進流劉咸炘刊本《孟子字義疏證三卷》不明年代未作統計。4、四書類中尚有萬曆刊本三種、泰昌刊本一種、崇禎刊本四種，本表未作統計。|													
		順治	康熙	雍正	乾隆	嘉慶	道光	咸豐	同治	光緒	宣統	民國	稿本	抄本	合計
日本著作	學庸														
	論語			1	2	1	4		1					2	11
	孟子		1												1
	四書		1												1
	合計		2	1	2	1	4		1					2	14
	備註														
總計		1	16	4	27	49	54	13	22	54	5	22	7	11	285

統計說明：1、本表以上海古籍出版社 1999 年版孫殿起《販書偶記（附續編）》中初編所錄四書文獻為統計對象。2、對於一書多本者分別統計。3、此表之四書類即四書總義類。4、重刊本以重刊之年代定其歸屬，原本不作統計。5、原書無刊刻年代而孫書作出時代推測的，以孫書之推測歸類，備註注明。6、稿本、抄本不計入年代項。

另注：除稿本、抄本外，其中還涉及精刊 15 版次。木活字本 7 種，袖珍本 10 種，朱墨套印本 1 種。

該書類似於一次續補《總目》的民間演習。《販書偶記續編·略例》言稱：「凡見於《四庫全書總目》者概不錄，有之必卷書互異者」〔註 17〕。可見在作者心中必已存有補《總目》所不備的動機，才會有如此的擇書去取標準。此其一。孫書所錄四書文獻相當部分為《續總目》所認可和吸收。以獨言《大學》和獨言《中庸》兩類文獻來看，孫書所收 26 種著作有 20 種為《續總目》所載錄。惟於所用版本、卷書認定或有差異。此其二。如《販書偶記》所載道光已丑刊泰山趙國麟撰《大學章句困知錄一卷》，《續總目》題：《大學章句困知錄不分卷》清道光九年刊。有版本相異者，如前者所錄關中王建長撰《大學直解二卷》同治戊辰劉傳經堂刊，後者所取為乾隆劉氏傳經堂刊本；前者所錄高郵胡泉撰《人學古本會參 卷續 卷》為咸豐八年刊本，後者用咸豐三年刊本；《販書偶記》所錄甘泉黃錫慶撰《中庸述義二卷》無刻書年月，《續總目》所用為乾隆間刻本；《販》書錄湘陰左欽敏撰《大學申義三卷》為民國七年敬義山房刊本，《續》用清敬義山房刊本。有書名題錄略異者。如《販》題民國二十七年刊本晉州楊亶驤撰《中庸本解二卷提要一卷》，後者用同年版本，題《中庸本解二卷》不言提要一卷，而在該書《續總目》提要中同樣言及該書序後有提要，或不以之成卷耳。《販》書以一人之力所錄四書文獻已半於《續總目》之數，其為後來《續總目》的編纂提供了書目和版本方面很大的便利。其實在續修《總目》之前，我國已有大量的相關學術成果積累，《續總目》修纂實即我國文化發展多年積累之後的一次大規模的「自然」總結，有其歷史的必然性。

書中偶爾也有抉擇不精的地方。學庸類中蕭山張文蔚《大學偶言一卷》，是上文所言 26 種所餘 6 種中唯一見於《總目》〔註 18〕之書，載《總目》存目類，且卷書亦與此編所稱相同，似有違其《略例》所定「凡見於《四庫全書總目》者概不錄，有之必卷書互異者」的標準。

六、索引

近代索引編纂乃傳統發展和外緣薰染雙重作用的結果。古代中國的類書便是索引功能很強的工具書。至於明清專門的索引編纂已經出現，並日漸為文獻學人所重視。五四以後西方索引知識引入我國。1928 年萬國鼎作《索引

〔註 17〕孫殿起：《販書偶記續編·略例》，上海：上海古籍出版社 1980 年版。
〔註 18〕〔清〕永瑢等撰：《四庫全書總目·上冊》（全二冊），北京：中華書局，1965年，第 318 頁。

與序列》一文便清醒的指出了中國傳統索引和歐美的差距，並對後者情況作了介紹〔註 19〕。在這樣的背景下，關於索引這一目錄學方法的專門探討漸漸發生。至二十世紀 30 年代，專門性的理論成果開始出現。如錢亞新所著《索引與索引法》（上海商務印書館 1930 年）、洪業之《引得說》（北平引得編纂處 1930 年）。具體的專業索引編纂工作亦趨於興盛。

王重民、楊殿珣所編《清代文集篇目分類索引》便是其中的一部傑作。該書在王楊兩位先生的主持下，於 1931～1934 年編成，1935 年北平圖書館出版，為國內第一部文集篇目分類索引。〔註20〕此書按文章篇目內容分學術文、傳記文、雜文三大類。學術文分經史子集四類。四書類為經部第十小類。內再分論語、孟子、大學、中庸、四書總五類。前四類中各分「通論」、「經文」、「序跋」三類。論語和孟子類在經文下再分以篇名如學而、為政等。關涉具體篇目數量列表如下：

	通論	經文（篇名後數字為該類所及之清文集篇目數）	序跋	總計
論語	30	學而 17、為政 12、八佾 22、里仁 12、公冶長 9、雍也 14、述而 13、泰伯 10、子罕 12、鄉黨 28、先進 13、顏淵 7、子路 8、憲問 9、衛靈公 5、季氏 10、陽貨 5、微子 9、子張 3（計 218）	60	308
孟子	24	梁惠王 16、公孫丑 8、滕文公 23、離婁 7、萬章 13、告子 14、盡心 10（計 91）	47	162
大學	16	16	25	57
中庸	13	22	16	51
四書總類				60

稍後於該書由哈佛燕京學社引得編纂處編製的《論語引得》（1940）、《孟子引得》（1941）是較之前者更為細緻的一種索引。其逐字（或詞）編制索引的做法，極大方便了文獻的內容檢索。以「之」字為例，筆者初步統計，《論語引得》有錄 558 條，《孟子引得》列千六百餘條。錄末之數詳注「之」字的書中位置，承「引」而聯「得」，查檢極是方便。同原書相比，兩者有類「書中之書」。另，該處所編《藝文志二十種綜合引得》，「合班固《漢書藝文志》，

〔註 19〕潘樹廣編著：《古籍索引概論》，北京：書目文獻出版社，1984 年版，第 25 頁。

〔註 20〕王重民、楊殿珣編：《清代文集篇目分類索引‧出版說明》，北京：北京圖書館出版社，2003 年版。

姚振宗《後漢書藝文志》,《三國藝文志》,文廷式《補晉書藝文志》,長孫無忌等《隋書經籍志》,劉昫等《舊唐書經籍志》,歐陽修等《新唐書藝文志》,顧櫰三《補五代史藝文志》,托克托等《宋史藝文志》,盧文弨《宋史藝文志補》,《補遼史藝文志》,金門詔《補三史藝文志》,錢大昕《補元史藝文志》,張廷玉等《明史藝文志》,朱師轍《清史稿藝文志》,及《禁書總目》,《全毀書目》,《抽毀書目》,《違礙書目》,與劉世珩《徵訪明季遺書目》」〔註21〕為一帙,進行綜合引得,其對於四書文獻的檢索亦極為便捷。比較群志,此編恰似「目中之目」。

　　大量索引的精心編纂是近代文獻目錄實踐的一大特色。其以字類文、以書類篇的做法是對傳統目錄編纂方法的深化和發展,整體上看民國時期的四書文獻題錄,從內容到形式,融古今、兼內外,實為民國文獻目錄學時代境遇的生動寫照。

〔註21〕洪業、聶崇岐、李書春、馬錫用等編纂:《藝文志二十種綜合引得·序》(與《食貨志十五種綜合引得》合編本),上海:上海古籍出版社,1986 年版,第1 頁。

民國學界的《論語》辨偽

　　辨偽學在我國的發生發展同中華典籍深厚豐贍、流播久遠的特點深度關聯。《論語》成書以來的兩千餘年間,歷為人們整理、誦讀和研習,上遞下延而未嘗中斷;更由於成書過程複雜,對於理解孔門學術有特殊意義,所以專門考辨綦早既現,並逐步形成辨偽學史上一個不容忽視的熱點〔註1〕。到了經學失位的民國,曾經顯赫的《論語》從官方經典的位置歷史性跌落;斯時的辨偽學承接了晚清今文學疑經運動的前朝饋贈以外,復因新研究方法的引入而受惠於海外甘霖的潤澤,氣象一新。如此的歷史境遇和學術背景下,《論語》的時代命運究竟如何,人們對於它的考辨同此前相比有哪些新的特點,從中我們又可以得到哪些珍貴的學術史和辨偽理論的啟示,等等,均成為有待解決的問題。

　　如所周知,民國學術是清學在新時代的發展和延續。有清一代二百餘年間累積而成的規模空前的考據學遺產,構成了民國學術藉以進行和繼續恢弘的彌足珍貴的邏輯起點;而期間經學發展,特別是晚清經學發展所形成的學術系譜更直接參與了民國學術方國的擘畫和形構。民國文獻辨偽總結發展、承舊開新的整體特點便是這一學術理致的具體顯現。就《論語》辨偽來看,這突出的表現為晚清今古文紛爭的歷史延續以及沛然勃興的古史辨派對今文學疑經風氣的考證性承繼。詳審其中的學術成果,我們發現:在這一併不廣闊的學術原野上行進著康有為、崔適,章太炎、吳承仕、王國維,梁啟超、

〔註1〕其歷史至少應該追溯的到鄭玄整齊三家的《論語注》。作為弟子整理和編纂的孔門言論匯集,《論語》文本的不同甚早既已出現,不同版本孰是孰非的問題正是辨偽《論語》的一大關鍵。

周予同、錢穆，錢玄同、顧頡剛、童書業、趙貞信，等等一批大師鉅子，其情其景堪稱壯麗。

一、經學殘餘的《論語》辨偽

　　無論人們自覺與否，既有成就總結從來都是學術發展的邏輯必須。民國時期總結《論語》辨偽成就的犖犖大者當推張心澂的《偽書通考》和趙貞信的《論語辨》。前書是一部資料性的辨偽通史，涉及經史子集並釋道古籍一千餘部，網羅極富。《論語》一類來看，他先後整理了班固《漢志》、王充《論衡》、鄭玄、皇侃《論語義疏》、《隋書·經籍志》、柳宗元《柳柳州文集》、晁公武、邵博《聞見後錄》、馬端臨《文獻通考》、《搜採異聞錄》、姚鼐《古文辭類纂》、章學誠《文史通義》、崔述《洙泗考信錄》和《論語餘說》、康有為《新學偽經考》和《康南海文集〈論語注〉》以及梁啟超《古書真偽及其年代》等 13 人 15 種著作中的相關內容，對《論語》辨偽史進行了簡明扼要的資料梳理。後者是對專書辨偽史進行考察的大作，共分三編：崔述的《論語餘說》和《論語源流考》為上編，從其《唐虞考信錄》、《商考信錄》、《洙泗考信錄》及《餘錄》諸書中輯出者為中編，柳宗元、袁枚、趙翼、康有為、崔適、梁啟超、錢穆和錢玄同等人的《論語》辨偽文章彙集在下編。從二書所梳理的民國以前的《論語》辨偽情況來看，成就之豐瞻首推崔述，《論語辨》上中編所收悉數為東壁文字可為明證。崔氏辨偽，重實證客觀，有謂「餘生平不好有成見，於書則就書論之，於事則就事論之，於文則就文論之，皆無人之見存」〔註2〕；主穩妥公允，嘗說「聖人教人惟務平實，非不能高，不可高也」〔註3〕；喜文體考辨，在《論語餘說》等作品中屢屢可見；三點均極為可貴。雖然在經學時代人們關於《論語》的考辨已經取得了相當輝煌的成就，但是由於社會的緣故，這些文字又有著一些不可避免的缺陷，最為嚴重的便是廣泛存在的聖人預設。文獻考辨最需要客觀的精神，而濃烈的聖人信仰所形成的無形繩索使得人們的《論語》辨偽從一開始便產生了不小的偏離。崔述也不例外。在考論《論語集注》有不妥貼處時，他曾寫下如此的辨

〔註2〕〔清〕崔述撰著、顧頡剛編訂：《崔東壁遺書》，上海古籍出版社 1983 年版，第 16 頁。

〔註3〕〔清〕崔述撰著、顧頡剛編訂：《崔東壁遺書》，上海古籍出版社 1983 年版，第 610 頁。

偽信條：「聖人之言後世皆當尊信不疑，不必於聖人〔註4〕言外別立一意也。」〔註5〕顧頡剛曾有毫不客氣地批評他「聖人的成見橫梗太深」〔註6〕。然而，畢竟瑕不掩瑜，就算對崔述的偏失洞若觀火，顧氏仍無法掩飾其由衷的推許：「他以一生貧困，故讀書並不多。但他甚精讀，且能思想，故心得極多。……因此，他雖獨學無友，但能集王充、劉知幾以來的辨偽大成。」〔註7〕

以康南海為代表、將整個古文經系統都推上偽書審判席的晚清今文學遺緒，在民國《論語》辨偽中餘勇可賈而自成一系，共同特徵是不信《古論語》。崔適強調：「《論語》之出也晚。漢宣帝時，自齊人王吉傳者曰《齊論》，魯人龔奮傳者曰《魯論》。西京之末，始出《古論》，以蝌蚪古文作之，謂為先秦人書，欲以陵駕《齊》、《魯論》之為今文；實則劉歆所造，託之孔安國所傳，並為作《注》以徵之爾」〔註8〕。當然，康、崔二人的辨偽又自有其不同的特徵。1、作為民國今文學《論語》辨偽的上源，康南海的辨偽文字透溢著相當濃烈的政治氣息。所作《論語注》〔註9〕一書在對《古論》大加撻伐的同時，念茲在茲的仍是三世大同說的推闡。《序》文所謂「正偽古之謬，發大同之漸」〔註10〕便是對此一

〔註4〕 對「聖人」孔子的曲解在中古文獻辨偽史上往往而見，即如王充所言「儒者稱聖泰隆，使聖卓而無跡」（《論衡‧宣漢篇》）。這對文獻辨偽影響很大，它事實上充當了人們曲解或妄詮經典的最明顯卻也最難擯棄的遮弊之傘。但人們對聖的理解又很有些不同。比如，朱子《論語集注》釋「聖」或從《說文》講「無所不通」，或援《孟子》解作「大而化之」；章學誠以為「學於眾人，斯為聖人」（《文史通義‧原道上》）；戴震說「聖人亦人也。以盡乎人之理，群共推為聖智。盡乎人之理非他，人倫日用盡乎其必然而已矣（《孟子字義疏證卷上‧理》）；在不同的思想體系中，言每相殊，說常有異。（顧頡剛有《春秋時代的孔子與漢代的孔子》一文，所涉及的事實上就是對「聖」的理解問題。參見《古史辨》第二冊及《顧頡剛古史論文集》第二冊等。）籍此來看：尊聖實即尊己，尊聖之用每或有異，尊己之實卻了無二致，太炎《獨聖篇》所謂「後聖之作，必過於先民（朱維錚校點：《訄書初刻本》，第103頁。見本社編：《章太炎全集（三）》，上海人民出版社1984年版。）、康有為所謂「孔子改制」者皆是也。

〔註5〕 〔清〕崔述撰著；顧頡剛編訂：《崔東壁遺書》，上海古籍出版社1983年版，第612頁。

〔註6〕 顧頡剛：《崔東壁遺書序》第64頁，載所編訂上海古籍版《崔東壁遺書》。

〔註7〕 顧頡剛：《崔東壁遺書序》第63頁，載所編訂上海古籍版《崔東壁遺書》。

〔註8〕 趙貞信：《論語辨》，第67頁。載顧頡剛主編：《古籍考辨叢刊》（第一集），中華書局1955年版，第741頁。

〔註9〕 該書成於1902年，刊刻於1917年。又因為康有為的思想對崔適、及後來的古史辨派的代表人物如錢玄同、顧頡剛等人發生過學術方向上導向性的重要影響，所以我們仍將該書置於民國《論語》辨偽序列進行討論。

〔註10〕 康有為著、樓宇烈整理：《論語注‧序》，中華書局1984年版，第4頁。

宗旨的明白宣說；所謂「時當亂世，則為亂世學；時當升平太平，則為升平太平之學」〔註11〕。其辨「巧言、令色、足恭」章，辨「述而不作」章等，都表現出了明顯的政教傾向。以後者為例，書中謂稱：「此竄改之偽古文也，雖非全行竄入，則孔子以『不作』、『好古』稱老彭，而劉歆增改『竊』字。原文或是『莫比』二字。《春秋緯》曰：『天降』，《演孔圖》中有作圖制法之狀。孔子仰推天命，俯察時變，卻觀未來，預測無窮，故作撥亂之法，載之《春秋》。刪《書》，則民主首推堯舜，以明太平。刪《詩》，則君主首文王，以明升平。《禮》以明小康，《樂》以著大同，《繫》《易》則極陰陽變化，幽明死生，神魂之道。作《春秋》以明三統三世，撥亂升平太平之法。故其言曰：『文王既未，文不在茲？』又曰：『天生德於予。』雖藉四代為損益，而受命改制，實為創作新王教主，何嘗以述者自命，以老彭自比乎？劉歆欲纂孔子聖統，必先攻改制之說。故先改《國語》為左氏《傳》，以奪口說之《公》、《穀》。《公》、《穀》破而微言絕、大義乖。故自晉世《公》《穀》廢於學官，二家有書無師，於是孔子改制之義遂湮，三世之義幾絕。孔子神聖不著，而中國二千年不蒙升平太平之運，皆劉歆為之。劉歆既亂群經，以《論語》為世所尊信，因散竄一二條以附合其說，惑亂後學」〔註12〕；其辨偽《論語》以闡三世之說的特徵於此可謂昭然若揭。然而學術研究和政治宣教畢竟不同，太過濃烈的政治指向給「自信力至強」〔註13〕的康氏《論語》辨偽伏設了某些明顯的不足，武斷和曲解時有所見，這在上面的文字中便有所體現，不再細言。2、同康有為的主觀相比，師出俞樾後改宗今文的崔適顯得謹嚴許多。一方面他能就文獻考辨之機申說今文學大義。考證《魯論》《堯曰篇》「予小子履」一章無「敢用玄牡」，講，「《集解》：『孔安國曰：『殷家尚白，未變夏禮，故用玄牡』，其說非也。且果為『伐桀告天下辭』（亦孔注），但當罪桀，何自請罪！又何為民謝罪！古文家誤上、下節皆敘帝王受命之事，遂以此為伐桀之辭。不知禱而請罪，民心所由歸往，此正王天下之事，故類列之。又忘其以身代牲，且不憶商尚何色，貿貿然增入『玄牡』句。此與東晉人偽造《古文尚書》之識略同」〔註14〕，借公羊學春秋大一統之說來證己非人，可謂很好的說明。另一方面，能熟用古文家的手段醫診古文家的弊端。如《論

〔註11〕康有為著、樓宇烈整理：《論語注》，中華書局1984年版，第1頁。
〔註12〕康有為著、樓宇烈整理：《論語注》，中華書局1984年版，第87～88頁。
〔註13〕錢穆：《中國近三百年學術史》（全二冊），中華書局1986年版，第709頁。
〔註14〕趙貞信：《論語辨》，第67頁。載顧頡剛主編：《古籍考辨叢刊》（第一集），中華書局1955年版，第744頁。

語足徵記》中辨《鄉黨》篇《古論》所謂「瓜祭」當從魯讀為「必祭」嘗謂:「《釋文》:『鄭云:《魯》讀『瓜』為『必』』。安先有《魯論》,後有《古論》,此《古》改『必』為『瓜』,非《魯》改『瓜』為『必』也。其改為『瓜祭』,正以《玉藻》有此文,謂可附會也。好厭鼎者正墮其瓠中耳。安『羹、食』大名,『瓜』則小名,三者並列,義頗不倫;且均薄物,既有瓜,何無果。而《曲禮》所載醢、醬、蔥、瓜之屬亦在祭品,此經何不及之?但舉一瓜,轉嫌掛漏。何如舉蔬食、菜羹,已足包括其餘耶!若蔬食也,菜羹也,瓜也,三者並舉,於義理不倫,於文章為不順。顏黃門曰:『吾嘗笑許純儒,不達文章之體』,愚謂此訓詁家通病。《古論》此條亦是也。且《玉藻》云:『子、卯,稷食、菜羹』。程瑤田《九穀考》口:『凡經言:『稷食』者,蔬食也·稷形大,故得『疏』稱·然則此云『蔬食、菜羹』,即《玉藻》之『稷食、菜羹』也。彼『菜羹』下不連『瓜』字,此亦當然。證『瓜』可連『祭』於《玉藻》,何不證『菜羹』不連『瓜』於《玉藻》乎!朱子從《魯》,毛奇齡意主駁朱,故以《玉藻》為證。今仍據《玉藻》破之。」〔註15〕關於崔適所造,梁啟超和錢玄同有極其接近的評斷:所謂「崔君著《史記探源》、《春秋復始》、《論語足徵記》、《五經釋要》諸書,皆引申康氏之說,益加邃密」〔註16〕,所謂「益加精密,今文派之後勁」〔註17〕也,云云。誠為徵實之語而非溢美之辭。康崔的辨偽事業後來被以顧頡剛為首的古史辨派所繼承,更有時代性的新發展。

同今文學遺緒相對,固守《古論語》的尊嚴是章、吳、王等古文學殘餘辨偽《論語》的共同預設和標的。太炎聲稱:「嘗觀齊、魯皆孔安國所傳,而魯論文或難曉,蓋多因古文真本,齊師則有所改定者。」〔註18〕講,《論語》初出,董仲舒東方朔已多稱引。司馬遷著之《史記》皆在齊魯前。蓋孔安國時已隸寫傳誦矣。《齊論》傳者膠東庸生,《魯論》傳者扶卿,並安國弟子」〔註19〕。1、

〔註15〕趙貞信:《論語辨》,第 67 頁。載顧頡剛主編:《古籍考辨叢刊》(第一集),中華書局 1955 年版,第 743 頁。

〔註16〕錢玄同著:《錢玄同文集(第四卷):文字音韻 古史經學》,中國人民大學出版社 1999 年版,第 134 頁。

〔註17〕梁啟超撰、朱維錚導讀:《清代學術概論》,上海古籍出版社 1998 年版,第 78 ～79 頁。

〔註18〕章太炎:《廣論語駢枝·後序》,見本社編:《章太炎全集(六)》,上海人民出版社 1986 年版,第 226 頁。

〔註19〕章太炎:《廣論語駢枝》,見本社編:《章太炎全集(六)》,上海人民出版社 1986 年版,第 209 頁。

章氏治學「從清代考證學出來，而集其大成」〔註20〕。章、吳為師徒，辨偽《論語》的文字，前者集中於《廣論語駢枝》，後者見《經典釋文序錄疏證》、《經籍舊音序錄‧經籍舊音辯證》。皆精小學，辨偽《論語》多從音韻訓詁入。太炎於漢儒獨推王充，辨偽《論語》版本問題恒以《論衡‧證說篇》為是，重古文真本；認為《七略》「尊聖太甚，徇其時俗」，「宜隸《論語》儒家」而非「六藝」〔註21〕；目孔子為古之良史，辨偽《論語》多徵史事，實即以史說經〔註22〕。在章氏的啟發下吳承仕作《經籍舊音辯證》，內中對《釋文》原本及後師所標《論語》字音，進行了考訂，深得乃師嘉許。所謂「非洽聞疆識、思辨過人者，其未足與語此也。」〔註23〕儘管是師徒，但二人的《論語》辨偽還是有所同異。如《廣論語駢枝》「古之矜也廉」一節，太炎解說：「《釋文》：『魯讀廉為貶』，今從古。案『廉』『貶』古音同部，此改讀也。蓋古文師從矜莊義，莊則有廉隅，故讀廉如字。魯學者從矜誇義，誇則不尚廉隅，故改讀為貶，謂貶人以自顯。如言管晏不足為，三代不足法，則己之德業自見也。以肆蕩忿戾直詐文例相推，讀如字為合。」文後附言：「吳承仕謹案：魯讀為貶者，正當作砭。劉劭《人物志‧九徵篇》：『簡暢而明砭，火之德也。』《利害篇》：『臧否之業，本乎是非，其道廉而且砭。』蓋砭石刺病，以鋒利為用。矜嚴者疾惡敢言，激切不肯假借，其道有似於砭，故即以砭為名也。劉劭兼通魯古，故以廉砭為題目人物之辭。

〔註20〕 郭湛波：《近五十年思想史》，山東人民出版社1997年版，第56頁。

〔註21〕 朱維錚校點：《訄書重訂本》，第160頁。見本社編：《章太炎全集（三）》，上海人民出版社1984年版。

〔註22〕 太炎有六藝皆史的思想。《訄書重訂本》有言：「六藝，史也」，「人言六經皆史，未知古史皆經」。《檢論》有言：「夷六藝於古史」。前者就所由創作言，後者從六藝功用說。1934年更有所謂「經者古史，史即新經」（轉引於後書）的說法。（詳張昭軍：《傳統的張力——儒學思想與近代文化變革》，吉林人民出版社2003年版，第238～242頁。另參：王泛森：《章太炎的思想（一八六八～一九一九）及其對儒學傳統的衝擊》第六章第三節《六經歷史文獻化》，臺北：時報文化出版事業有限公司，1985年版，第189～199頁。）《廣論語駢枝》作於1933年，內中考論援史以申說亦勢之所至。另：同章太炎的觀點相比，1935年9月在新生開學典禮上吳承仕一邊強調自己章門弟子身份，一邊談到的「一切科學皆是史學」（吳承仕著，北京師範大學1984版《吳承仕文錄》，第227頁。後來吳承仕改宗馬克思主義，是即其表現之一。）的觀點，顯然更富有新銳的時代氣息。而潛伏在這種對比背後的是舊史學衰亡式微、新史學蓬勃發展的民國學術脈動。

〔註23〕 章太炎：《經籍舊音題辭》，載吳承仕著：《經籍舊音序錄‧經籍舊音辯證》，中華書局1986年版。

廉者擬其形頌，砭者言其業用；廉砭過正，則近於忿戾矣。頗疑貶為古文真本，廉亦古文師改讀也。」〔註24〕2、王國維在晚近學術史上即開風氣也為師、「以通人之資成專家之業」（許冠三語），是位漢學研究的領軍人物。他辨偽《論語》的特點在用新材料。這裡的新材料指的是敦煌四部書中的《論語》類文獻。在《書〈論語鄭氏注〉殘卷後》一文中，王國維對於伯希和二五一〇號寫本〔註25〕以及日本橘瑞超氏發現於吐魯番土峪溝的鄭注《論語》斷片題「孔氏本」的問題進行了釋解和考證。依照何晏《論語集解序》、陸德明《經典釋文》以及《隋志》等的說法，「鄭注用張、包、周之本，包、周皆出張氏，張氏初受魯論，後受齊論，均於孔氏無與也」〔註26〕。而《殘卷》題「孔氏本」，頗令人費解。於此王國維依照《殘卷》及《釋文》所引鄭注皆以古正魯的事實，指出「鄭但以古校魯，未以齊校魯也。又，鄭於禮經，或從古文改今文，或以今文改古文，而正《論語》讀五十事中，所存二十七事〔註27〕，皆以古改魯，無以魯改古者。故鄭注《論語》，以其篇章言，則為魯論；以其字句言，實同孔本」。〔註28〕這樣便借助於對敦煌《論語》殘卷所進行的鄭注《論語》在正音方面的歸納分析，給敦煌鄭注《論語》殘卷中所題「孔氏本」似乎與某些文獻記載相左的情況作出了解釋，並事實上給出了鄭注《論語》文從《古論》的說明。如上三人之外，屬古文一派的還有章氏弟子孫世揚、再傳弟子黃壽祺〔註29〕等，新意不多不再贅述。

〔註24〕 章太炎：《廣論語駢枝》，見本社編：《章太炎全集（六）》，上海人民出版社1986
年版，第223頁。
〔註25〕 殘存《述而》至《鄉黨》四篇。
〔註26〕 王國維：《觀堂集林（全四冊）·第一冊》，中華書局1959年版，第169頁。
〔註27〕 其中見於《殘卷》的三事，皆出《子罕篇》。一為「弁衣裳者。注：魯讀弁為
絻，今從古」；一為「沽之哉沽之哉。注：魯讀沽之哉不重，今從古也」；一
為「不為酒困。注：魯讀困為魅，今從古」。（《觀堂集林·第一冊》第172～
173頁。）
〔註28〕 王國維：《觀堂集林（全四冊）·第一冊》，中華書局1959年版，第170頁。
按：早在1913年5月羅振玉《雪堂校刊群書敘錄（卷下）》中便有對伯希和
二五一〇號寫本的考辨，並悟得了「此卷所謂『孔氏本』者，乃據孔氏《古
論》改正張侯《魯論》」（王重民著：《敦煌古籍敘錄》，商務印書館1958年版，
第66頁。）的結論，惟所用新材料單一，考證亦簡。但所悟得的結論和王此
處所考出入不大。不過，羅王二人在學術上關係極密切，羅氏所言為二人商
討結果亦未可知。
〔註29〕 孫世揚有《論語考》一文（見《古史辨（四）》），黃壽祺有《群經提要》（華
東師範大學出版社2000年版。），皆以今文《論語》出於古文。

　　漢學之外，舉身民國《論語》辨偽的經學流緒還有宋學的孑遺。事實上，儘管民國時期新學昌盛、舊學衰弱，但《論語》誦讀在民間，特別是私塾，依舊大量存在。兼之復古思潮、新文化運動等等提倡尊孔讀經，因而尊尚章句的風習依舊朽木不腐，宋學的孑遺更是遜位而不退。他們的共同特點是信奉朱注，更由此導致了辨偽《論語》的保守性質。以許英的《論語會箋》為例。該書作於 1942 年，稱：「邢《疏》開漢學轉宋學之關，《集注》因之，雖集名理之成，然亦未嘗廢訓詁名物制度之考訂，實能合漢宋於一塗。」是以宋學蓋攝漢學。更言：「清人於名理無所得，而溺於訓詁名物制度之考訂，則判漢宋為兩橛。訓詁名物制度者外也，名理者內也。朱氏《集注》通內外者也，劉氏《正義》隔內外者也。內外隔而真學亡。」〔註30〕強調以名理說《論語》。認為「宋人析理之精，雖巧辯莫能勝」，宋人之誤屬「千慮之一失，至其大體精思，合於聖人之旨者，終非漢學之所能奪」〔註31〕。是揚宋學而黜漢學（清漢學）。在辨偽《論語》上，該書表現出相當的保守傾向，其「守先待後」〔註32〕的創作宣言，及其對馮友蘭新理學「盜取客學」「妄繼前軌」，「『照著講』且莫能通其意，而曰『接著』，以為賢於陸朱，而以講稿博一飯之貲」〔註33〕的指責，於此是最好的說明。這種保守傾向反映到辨偽上，表露為作者對崔述工作的不太中意。在他看來，雖然《論語》之文不可「一一信以為真事」〔註34〕，但「鄭玄諸儒之所纂定，亦大體醇矣」〔註35〕。認為崔述之考辨「得失相半」。說崔述疑《陽貨篇》「武城」「佛肸」兩章是「考訂之家，不足以語夫古人之大義」〔註36〕；對其過分倚重文體也頗不滿意。而不信文體考辨，也就基本上否定了崔述《論語》辨

〔註30〕許英編著：《論語會箋‧導言》，正中書局 1943 年版，第 31 頁。該書係當時中央政治學校國學要籍選讀第一輯第一種。作者先後任教當時多所大學，其書頗有一定的代表性。

〔註31〕許英編著：《論語會箋‧導言》，正中書局 1943 年版，第 35 頁。雖然作者也指出「門戶之偏，固非通人之所取」（見同頁），但這種虛表的言詞並不能掩飾其宗宋的事實。

〔註32〕許英編著：《論語會箋‧導言》，正中書局 1943 年版，第 37 頁。

〔註33〕許英編著：《論語會箋‧導言》，正中書局 1943 年版，第 36 頁。作者一以六藝之教解《論語》，是亦尊己而非朱也；五十步與百步之不同罷了。所論「禮之用，和為貴」章為「訾議老子之辭」，「慎終追遠」為「對墨者而言」等等，有失於隨意。

〔註34〕許英編著：《論語會箋‧導言》，正中書局 1943 年版，第 23 頁。

〔註35〕許英編著：《論語會箋‧導言》，正中書局 1943 年版，第 24 頁。

〔註36〕許英編著：《論語會箋‧導言》，正中書局 1943 年版，第 20 頁。

偽的大部分成績。當然，許書亦非以崔述的工作半無可取，諸如「公山佛擾以
費叛」等章的問題，二者觀點並無歧出。

康、章、崔、吳、王、許等人，或宗今，或尚古，或尊宋，他們基於不
同經學立場所進行的《論語》辨偽，可以看作是清代學術對民國《論語》辨
偽直接的遺產性支持。

二、史學陣營的《論語》辨偽

然而，祖先的陰騭並不構成燦爛的民國學術所由出現的全部依據。大量
民國學人對前朝的饋贈都抱持了一份冷靜的認知。遙望先賢的背影跨過經學
的樊籬，在出壯自己的道路上他們日漸成長為民國《論語》辨偽的主力。端
居於這個序列的，有晚清而來在民國學界依舊勇猛英武精進不已的梁啟超，
太炎弟子錢玄同，以及後起的顧頡剛、錢穆、周予同、童書業、趙貞信、張
昌圻、杜任之等。

梁啟超、錢穆、周予同大約為一類：與經學雖有一定聯繫，但辨偽《論
語》不限於門戶能折衷以史，疑古而不以此為旨務。儘管梁啟超曾為宣傳晚
清今文學的健將，但治學「百變不離於史」〔註37〕，三十以後的他「已絕口
不談『偽經』，亦不甚談『改制』」〔註38〕；錢氏傾古文，於《論語》版本中
今古文異處厭今而喜古（見《論語新解》），且所作《劉向歆父子年譜》力闢
《新學偽經考》，大有利於古文學的慧命存續，但其治學力主破除今古文門戶，
強調「經學上之問題，同時即為史學上之問題」〔註39〕；周氏傾今文（高足
朱維錚先生認為他在派別上傾向今文），卻又明言自己不是今文家。同經學子
遺相比，在《論語》版本問題上他們沒有明顯的今古文偏執。在這個前提下
又各有自己的特色。具體來看：1、梁啟超《論語》考辨的價值在理論的展示
不在具體的成績，優點是能近取譬，缺點在不夠深入。文見《古書真偽及其
年代》及《中國歷史研究法補編》等。在他看來：「現在小小一本《論語》，

〔註37〕 林誌鈞：《飲冰室合集序》。載梁啟超：《飲冰室合集》（第一冊），中華書局 1989
年版，第 3 頁。

〔註38〕 梁啟超撰、朱維錚導讀：《清代學術概論》，上海古籍出版社 1998 年版，第 86
頁。對疑古的態度參見中華書局 1989 年版《飲冰室專集一百四：古書真偽及
其年代》，第 38～39 頁。

〔註39〕 錢穆：《兩漢經學今古文平議·自序》，臺灣：東大圖書有限公司 1983 年第 3
版，第 4 頁。疑古態度參三聯 1998 年版《八十憶雙親 師友雜憶》，第 167 頁。

古代的竹簡至少有一大箱。所以古人讀了別的書，聽了別的事，懶得另外動用新的竹簡，隨手就記在現成的書上，那是情理之中的事」，「《論語》各篇末尾幾乎都有一二章不相關的話」，這是「無識的編者，一味貪多」把「後人記得不對，荒謬不然」乃至「毫不相關係，隨手寫在空白上的（話——筆者）都收進去了」〔註 40〕的結果；「《子張篇》全記孔門弟子的言事，從前大概在《魯論》最末。因為前十九篇記孔子直接的，最末一篇記孔子間接的，很合理法」〔註 41〕。這之外，他辨偽《論語》的觀點幾乎全襲崔述舊說。當然有的作了解釋性發揮，如「公山弗擾」章，崔述認為事實不可信，任公發揮說：「其實公山弗擾，乃季氏手下家臣，費又是季氏采邑。孔子當時作魯司寇，公山弗擾好像北京的大興縣知事一樣，孔子好比司法總長，豈有大興縣知事造反，司法總長跑去幫忙的道理？」〔註 42〕這種歡快活潑的辨偽文字充分顯示他能近取譬的本事，當然正確與否另當別論。發揮之外，任公還對崔述的《論語》辨偽從方法上進行了概括，指出：「他的看法有幾方面」，「從文體看」，「從稱呼看」，「從事實看」，「從學說思想看」，「從突兀的事語看」〔註 43〕云云。並對自己總結的辨偽方法進行了具體的展示。這種總結在《中國歷史研究法》《中國近三百年學術史》中亦有所見。2、周氏辨偽《論語》的文字主要見於所著《群經概論》。對頗為古文家所重的《論衡·正說篇》關於《論語》有三十篇的文字「存而不論」〔註 44〕，謂孔安國作《古論語傳》一事「甚可疑」〔註 45〕，深入考辨不多。雖有懷疑但無明確的偽書斷論，頗有些闕疑的精神。3、錢氏文字見於《論語要略》、《先秦諸子繫年考辨》以及後來的《中國學術思想史論叢》。版本方面，錢穆傾《古論》，視學出今文的張禹本為「佞

〔註40〕梁啟超：《飲冰室專集一百四：古書真偽及其年代》，中華書局 1989 年版，第
　　　　128 頁。
〔註41〕梁啟超：《飲冰室專集一百四：古書真偽及其年代》，中華書局 1989 年版，第
　　　　132 頁。
〔註42〕梁啟超：《飲冰室專集一百四：古書真偽及其年代》，中華書局 1989 年版，第
　　　　6 頁。
〔註43〕梁啟超：《飲冰室專集一百四：古書真偽及其年代》，中華書局 1989 年版，第
　　　　129～131 頁。
〔註44〕朱維錚編：《周予同經學史論著選集（增訂本）》，上海人民出版社 1996 年第 2
　　　　版，第 272 頁。
〔註45〕朱維錚編：《周予同經學史論著選集（增訂本）》，上海人民出版社 1996 年第 2
　　　　版，第 271 頁。

臣」「學識淺陋」〔註 46〕；《論語新解》在魯古相異處便多從古本，但該書於今古異文之「五十以學」一章卻又稱「《魯論》為是」〔註47〕，說明他並不以古本為全是。同梁啟超一樣，他具體的考辨工夫自覺的以崔述為邏輯起始，惟更能持之以「史」的態度，從而有所辯證與超越。關於崔述認定與事實不符的「公山弗擾」章，他認為：「《論語》謂以費畔召者，此著其實而。在當時不狃之召孔子，決不以叛亂為辭也。特以孔子有明德，為世所重，欲藉以收人心」，崔述所謂「使費果以九年叛，魯何得不以兵討之」的疑問，係「泥文拘字之害」，「論語其為東周之語，或出孔子一時戲言，或由後人記者潤飾，尤不足深辨」〔註48〕。此外，對崔述關於《論語》「蘧伯玉使人於孔子」章「使人寡過之答，當在魯昭之世」的認定〔註 49〕，關於《論語》「以服事殷」乃湯事葛，文王無獯鬻之類，與稱臣不同」的論說〔註 50〕，皆有所辯駁。其總體的態度在於：「《論語》本非盡可信」〔註51〕，「其中亦自有分別，非全部皆孔門相傳之精語，學者固當分別而觀之明矣」〔註 52〕。籍此來看，高足余英時所謂「錢先生畢竟是史學家」〔註53〕的斷論良非虛言。

　　民國期間站在史家的立場辨偽《論語》的激流，還要首推由晚清今文學疑經之風及新文化運動期間思想解放風潮卵翼而生的古史辨派，其最主要的成就便是對包括《論語》部分文字在內的偽經進行了大規模考辨。躬與《論語》辨偽的有錢玄同、顧頡剛、童書業、趙貞信等人，共同之處在秉持史家的態度張揚疑古的精神。比如在走上辨偽道路不久的 1921 年，顧錢二人便達成了這樣的共識：「因為要研究歷史，於是要搜集史料，審定史料；因為要搜集史料，於是要『辨偽』」〔註54〕；在顧氏看來：「古書是古史材料的一部分，必須把古書的本身問題弄明白，始可把這一部分的材料供古史的採用而無謬

〔註46〕錢穆：《論語要略》，商務印書館 1926 年版，第 5 頁。
〔註47〕錢穆：《先秦諸子繫年考辨》，上海書店 1992 年版，第 14 頁。
〔註48〕錢穆：《先秦諸子繫年考辨》，上海書店 1992 年版，第 15～16 頁。
〔註49〕錢穆：《先秦諸子繫年考辨》，上海書店 1992 年版，第 25～26 頁。
〔註50〕錢穆：《中國學術思想史論叢.8》，安徽教育出版社 2004 年版，第 284～285 頁。
〔註51〕錢穆：《先秦諸子繫年考辨》，上海書店 1992 年版，第 26 頁。
〔註52〕錢穆：《論語要略》，商務印書館 1926 年版，第 13 頁。
〔註53〕余英時：《現代儒學論》，上海人民出版社 1998 年版，第 179 頁。
〔註54〕錢玄同著：《錢玄同文集（第四卷）：文字音韻 古史經學》，中國人民大學出版社 1999 年版，第 224 頁。

誤；所以這是古史研究的第一步工作」〔註 55〕，後來他更直接將這種工作界定為「史料學」；趙貞信亦言：「朱（熹——筆者加）、蔡（沈——筆者加）是理學，其辨是非每以合聖人與否為斷；康（有為——筆者加）、崔（適——筆者加）是今文家，其論真偽亦只以合今文家說與否而定」，主張今人宜「當仁不讓」的脫開「門戶家派的束縛」，「專就各方面的真憑實據，細心檢討，認識事實。」〔註 56〕1、錢玄同身出晚清經學系統，於今古文學的特點有切學深感，辨偽《論語》的文字見於《答顧頡剛先生書》、《重論經今古文學問題》等，力主超脫今古文的「『歷史家』的立場」〔註 57〕。以《重論》一文來看，他一方面承康氏說，指出《古論語》為劉歆偽造，分《魯論》二十篇為二十一篇的做法不甚高明；另一方面又引崔述之言強調「《魯論》中亦有不可靠的部分」；更說《齊論》二十篇亦「來源不一，醇駁雜陳」〔註 58〕；總之在他看來三種版本皆有一定問題，事實上全在其辨偽的視域之內。顧頡剛講錢先生「實為超今古文的」〔註 59〕，可謂鑿鑿有據。2、顧、童二人係師徒，後者的《論語》辨偽可視為對前者學說的發揮。顧氏主要針對《堯曰》篇首章有關堯舜禪讓的文字，見於《與錢玄同先生論古史書》、《古史辨第二冊自序》、《禪讓起源於墨家考》等；後者針對《論語》中的朝代問題，文見於《「帝堯陶唐氏」名號溯源》；共同點在於：《論語》辨偽服務於對「時代愈後，傳說的古史期越長」〔註 60〕這一預設內具體問題的考證。在《禪讓起源於墨家考》裏，顧氏先引《論語比考讖》中所言及鄭玄、何晏、朱熹等對「曆數」的注解，確證該詞應解作「帝王的曆運」〔註 61〕，指出這種解釋來源於鄒衍一派的陰陽五行思想因而係後世竄入；又說「四海困窮，天祿永終」兩句源出《史記·鄒衍傳》，強調「簡直就是墨子的尚賢兼愛天志節用等主義下的一個簡單化的標語」〔註 62〕；最後由孔、孟在「執中」問題上的相忤，證說「允執其中」

〔註 55〕《顧頡剛古史論文集（第一冊）》，中華書局 1988 年版，第 213 頁。
〔註 56〕趙貞信：《書序辨·序》，第 31 頁。見顧頡剛主編：《古籍考辨叢刊》（第一集）所載顧氏輯點《書序辨》，中華書局 1955 年版。
〔註 57〕錢玄同著：《錢玄同文集（第四卷）：文字音韻 古史經學》，中國人民大學出版社 1999 年版，第 140 頁。
〔註 58〕錢玄同著：《錢玄同文集（第四卷）：文字音韻 古史經學》，中國人民大學出版社 1999 年版，第 193 頁。
〔註 59〕顧洪：《顧頡剛學術文化隨筆》，中國青年出版社 1998 年版，第 324 頁。
〔註 60〕《顧頡剛古史論文集（第一冊）》，中華書局 1988 年版，第 102 頁。
〔註 61〕《顧頡剛古史論文集（第一冊）》，中華書局 1988 年版，第 323 頁。
〔註 62〕《顧頡剛古史論文集（第一冊）》，中華書局 1988 年版，第 324 頁。

其實也是後來人語，謂稱「在楊墨以前的人恐不能說」；由此，通過辨偽《堯曰》首章的手段達到排除禪讓起源於儒家之可能的目的。童書業對《論語》的懷疑較乃師為多：「頗疑」「顏淵問為邦」「是漢人的手筆」；《論語》前十五篇「徒稱『孔子』的幾條」「都是有問題的」；《論語》中說及堯舜的幾章大都可疑。對「唐、虞之際」一章，童書業強調：「文句散亂」；「稱『孔子曰』的可疑」；「文義不類而在篇末」；「『唐虞之際』一詞的晚出」，「在《史記》中『唐虞之際』一詞連用到八次，其他先秦漢初古書未見連用這四字的，這是《論語》這章晚出於漢代的確證。」〔註63〕3、趙貞信是被顧頡剛寄予厚望的《論語》辨偽專家（盛讚其「考證」「精密」。見《禪讓起源於墨家考》），其辨偽《論語》的觀念始於1931年同顧氏論學〔註64〕，後「搜集材料不下數十萬言」〔註65〕，嘗輯《論語辨》一書，撰有《「論語」一名之來歷與其解釋》、《論語之編撰者》、《論語堯曰篇末二章探源》及《論語堯曰章作於墨者考》等文。趙氏深惡經學的藩籬，雖謂「崔述是辨《偽論語》的中心人物」，但稱其「究竟是懷挾著聖人的成見來做考訂的標準的。我也不贊成康、崔二氏站在今文家的立場上來辨偽，他們有一些話簡直就是門戶之見」〔註66〕辨偽重心集中於《堯曰篇》。在他看來，「學術流變，如川入海，愈趨下游，即混雜愈甚」；先漢之時孔墨並行，「而墨學入漢以後便似鴻飛冥冥，聲消跡滅」是「因為它的精魂已經被儒家所收攝」，「《堯曰章》在今日的我們看來，果然知道它是墨家言，最低限度也是逃墨歸儒之人的手筆」〔註67〕。至於《子張問政》和《不知命》兩章，他認為二者與《子張問仁》章皆出《齊論》，後為晚出於西漢末的《古論》抄入；《問政》章和《不知命》章等恰為「《齊論》之在《古論》」的「明證」；認為「《齊論》實是矣偽材料很多的書，凡《論語》中可疑的，如《子罕篇》《鳳鳥不至章》，《顏淵篇》《樊遲問仁章》，《衛靈篇》《無為而治

〔註63〕呂思勉、童書業編著：《古史辨（七）·下冊》（全三冊），上海古籍出版社1982年版，第5～6頁。

〔註64〕趙貞信：《論語堯曰章作於墨者考》，見1943年《中德學誌》5卷1、2期，215頁。參諸此處及《禪讓起源於墨家考》一文，顧頡剛對於《堯曰章》的看法顯然頗受了趙貞信的影響。

〔註65〕趙貞信：《論語辨·序》，第2頁。載顧頡剛主編：《古籍考辨叢刊》（第一集），中華書局1955年版，第668頁。

〔註66〕趙貞信：《論語辨·序》，第1～2頁。載顧頡剛主編：《古籍考辨叢刊》（第·集），中華書局1955年版，第667～668頁。

〔註67〕引文自趙貞信：《論語堯曰章作於墨者考》，見1943年《中德學誌》5卷1、2期，第213、215頁。

章》,《陽貨篇》《子欲無言章》,一查它的娘家,竟都出於《齊論》」。〔註68〕就已有的文字來看,拋開觀點不論,趙氏的《論語》辨偽,可以說深學獨造、功力純厚(據其自稱有《論語堯曰篇探源》一文近十萬言,以太長至無處發表;我們所見到的考《堯曰章》一文即其中的一部分,該文兩萬四千言,徵引古今典籍五十餘種),至少在「古史辨派」中無人能出其右。

　　儘管疑古派一度籠罩史壇,但民國時期投身《論語》辨偽的新派學人並不以此為限。

　　比如張昌圻。張氏《論語》辨偽見於所著《洙泗考信錄評誤》(1931年初版)。作為「辨偽」辨偽書的一部「嘗試」性大著,該書可以說是對部分民國學人,若梁啟超、胡適、錢玄同、顧頡剛等,盛推崔述的一種「理性」的反動(見《自序》第3~6頁),代表了學界殷望辨偽工作更為科學和嚴密的良好希冀。「破除對於偶像的迷信」〔註69〕,還原孔子的常人模樣,是他「評誤」《洙泗考信錄》的核心視點。辨「子見南子」一章不偽,他說:「因婦人而得行道」這類事,「以『知其不可而為之』的孔子,『皇皇如也』的孔子,碰了許多釘子老得不著適當機會後的孔子,未見得不想有期月的『可』,三年的『成』,『託之空言』,『故不如見之行事之著明深切』」〔註70〕的衝動(筆者加)。總之,見南子是大有可能的事。「我們如果抱求真的態度,不帶迷信的色彩,那麼,對於這章,正該籍此以多見聖人另一方面的生活實況。那能因為他於孔子稍有不利,怕損污心目中美滿的偶像,就說他是贗貨?」〔註71〕在他看來「《論語》是孔門一傳或再傳三傳的弟子所記,出產在《孟子》前。有聞即錄,雜湊成篇」,「因為著者非一,故格調不同,長短參差,顛倒錯亂,破不足怪。」〔註72〕

　　杜任之的《論語》辨偽,表徵了此一領域中古史辨派之外唯物史觀派的

〔註68〕趙貞信:《論語堯曰篇末二章探源》,1937年《史學集刊》第3期,第246頁。

〔註69〕張昌圻:《洙泗考信錄評誤·自序》,商務印書館1931年6月初版,1934年1月國難後第一版,第3頁。

〔註70〕張昌圻:《洙泗考信錄評誤》,商務印書館1931年6月初版,1934年1月國難後第一版,第56頁。

〔註71〕張昌圻:《洙泗考信錄評誤》,商務印書館1931年6月初版,1934年1月國難後第一版,第58~59頁。

〔註72〕張昌圻:《洙泗考信錄評誤》,商務印書館1931年6月初版,1934年1月國難後第一版,第58頁。

後期崛起。所作《孔子論語新體系》一書成於 1948 年。該書自覺地以郭沫若、侯外廬、楊榮固（原書作「固」。或為「國」之誤）等人對孔子學說的「再研究與再評價」為起點，強調「應該深刻地，系統地研究孔子思想與學說之真諦，從而按社會歷史發展之實際情形，予以合理之評價，而達到『孔子否定之否定』的目的」；自稱「根據科學歷史觀與社會觀，探取孔子《論語》之真意，尤多借助於中國近年新史學的正確觀點」〔註73〕。由書中內容來看這裡所謂的「科學歷史觀」就是唯物史觀，它集中體現於作者對五種社會形態理論的認可和運用等方面。杜氏頗能以聯繫和發展的觀點來分析問題，反對「依今思古」和「以古套今」〔註74〕，研究《論語》非常強調思想與環境的相互關係。認為「一個人的思想學說與其人格活動，都不能脫離其所處的時代與環境，而其人格活動，同時又與其思想學說常發生著交互作用」，論析孔子思想學說「必須從時代變遷與生活經歷，詳察其人格活動與思想發展過程，始能得出科學的結論」〔註75〕。具體到辨偽層面，他認為「《論語》（書名——筆者）之創作，不能早於孔安國時代」〔註76〕，分析「孔子卒後，門弟子互為纂輯其所記錄之聞見和心得，是為《論語》之產生」，「門弟子死後，其（孔子）再傳弟子輯其見聞，重為增補，是為《論語》編纂之完成」，時間在戰國時代。〔註77〕成績不多。

如上便是筆者目力所及的民國時期史學界辨偽《論語》的基本樣子。

無疑，我們的介紹還相當的粗糙和簡約。不過，由此我們還是看出了民國《論語》辨偽的一些總體情勢。整體來看：民國時期的《論語》辨偽以前代，特別是崔述標誌著的清代辨偽成就為邏輯起點（顧頡剛曾說：「今日講疑古辨偽，大部分只是承受和改進他的研究。」〔註78〕），既有理論的總結和探研，也有實踐的清理及考索；在各具特色的辨偽實踐中表現出經學和史學兩大考辨路向的分野；內容涉及《論語》結集、版本、篇章文句（特別是後五章）及所載史事等，有辨偽也有證真（比如許英和張昌圻）；晚清經學發展的歷史慣性以及新材料的發現使得期間關於《魯》《古》音讀之關係的辯證成為

〔註73〕杜任之：《孔子論語新體系·前言》，復興圖書館雜誌出版社 1948 年版。
〔註74〕杜任之：《孔子論語新體系》，復興圖書館雜誌出版社 1948 年版，第 12 頁。
〔註75〕杜任之：《孔子論語新體系》，復興圖書館雜誌出版社 1948 年版，第 191 頁。
〔註76〕杜任之：《孔子論語新體系》，復興圖書館雜誌出版社 1948 年版，第 3 頁。
〔註77〕杜任之：《孔子論語新體系》，復興圖書館雜誌出版社 1948 年版，第 7 頁。
〔註78〕顧頡剛：《崔東壁遺書·序》，第 60 頁。見所編訂上海古籍版《崔東壁遺書》。

了不大不小的熱點問題。這便是民國《論語》辨偽內部的大體紋理。

三、學術與社會的反思

　　內在紋理的形成離不開外部環境的培育。結合民國時期的文化與社會背景對期間的《論語》辨偽作由外向內的審視，更有如下的認知：

　　其一，學術大勢的生動寫照。任何專門性的學術分支，其存在往往都要受到整體學術大勢的影響，隨後者的俯仰而起伏；詳審後者的起伏可約略觀見總體的大勢。順延著《論語》辨偽的溪水潺潺我們聽到的是學術文化民國演進與流轉的壯闊波瀾。一是經今古文紛爭的晚清再起和民國延續，這不言而喻；二是新舊學交之際經學轉史的具象展示。

　　經史關係，從子學時代的經史不分〔註79〕到漢代的經學蓋史，到後來的史學獨立，到六經皆史的理論認定（比如王陽明所謂「《春秋》亦經，五經亦史」，章學誠所謂「六經皆史也」，等等。〔註80〕），到清中諸老以考經之法考史，晚清經師的提筆撰史、辨史明經（錢穆謂「就史以論經」《兩漢經學今古文平議・自序》，臺灣：東大圖書有限公司1983年第3版，第4頁。），再到清末民初新史學興起、帝制不再以後鉛華掉盡的經學流變為史學和子學〔註81〕，這一歷史的接力才完成了其最後的一棒衝刺：進入經學時代的儒家原典在經歷了對史學蓋攝、為史學解說的長期流轉之後，明清以來逐漸被史學所融攝和消解，主體性日趨於沒落，至於民國終於在坍塌的清王朝的屍骨旁褪色成史學建設的一地沃野（儘管此間仍有人執著於解經注經的學術理想，但縱有耀眼的星座固守歷史的容光，無奈群星已去天河不再誓難再現往日的輝煌）。期間，以《論語》為史料的觀點大約首見於清初馬驌所撰《繹史》。該書百六十卷，「經、傳、子、史，文獻攸存者，靡不畢載」；雖然作者因為「士子卯角誦習」的緣故未收包括《論語》在內的四子書（皆見該書《徵言》），但其認四子書為史料的思想是明確的。《序》中有「以經為史可歟？曰奚不可！

〔註79〕　崔述說：「是以三代以上經史不分，經即其史，史即今所謂經者也。後世學者不知聖人之道體用同原，窮達一致，由是經史始分。」（《洙泗考信錄自序》，見上海古籍版《崔東壁遺書》第262頁。）

〔註80〕　引文分別見《傳習錄卷上・徐愛錄》及《文史通義・易教上》。

〔註81〕　民國時期以《論語》為子書早見於30年代。世界書局編諸子集成便收有劉寶楠的《論語正義》。但明確的以《論語》為子書進行考辨的《諸子通考》外不多見。該書關於《論語》的考辨承襲崔述之說，少有新意。見蔣伯潛編著：《諸子通考》，臺灣正中書局，1948年初版，1970年第四版，第281～293。

夫唐、虞作史而綜為經，兩漢襲經而別為史，蓋經即史也」〔註82〕的論斷，
較諸陽明的觀點又大膽了許多。

就我們梳理的人物來看，梁啟超、王國維、錢穆、周予同、顧頡剛等人
無不兼通經史而又以史為主，梁、王、顧三人更是現代新史學不可或替的巨
擘（我們所以將其劃歸不同系統是就其經學態度的偏向而言的），這種群體性
的治學特點本身便是經學轉史問題的最好詮釋。具體到《論語》辨偽來說，
錢穆、周予同的傾古偏今終持以史的態度前已有論。即以梁啟超言，至晚從
1921 年秋冬間講《中國歷史研究法》始，他便以明確提出了《論語》為史料
的觀點，〔註83〕1927 年在《古書真偽及其年代》中討論《論語》版本，文中
已完全不見了乃師康有為以《古論》係偽作的武斷論定，而且事實上肯定了
《古論》的存在及在《論語》結集史上所發生的不容否認的作用；再同二十
年前（1897）作《〈論語〉〈公羊〉相通說》時〔註84〕的他相比，經學轉史的

〔註82〕 《繹史·李清序》（載馬驌撰、王利器整理中華書局 2002 版全十冊《繹史》。），
第 2 頁。按：李清序作於康熙九年（1670）春，馬驌卒康熙十二年（1973）。
參以文中所引馬驌所作《繹史·微言》中語，知李清所言蓋亦為馬驌之意。
錢穆《中國近三百年學術史》對馬驌推崇頗高（見中華書局 1986 年版上冊第
153～157 頁。）。然時人余英時《文史傳統與文化重建》（三聯書店 2004 年版，
第 269～280 頁）《論戴震與章學誠》（三聯書店 2000 年版，第 49～61 頁。）
及近人錢鍾書《談藝錄》（中華書局 1984 年 1 版 1999 年北京第 8 次印刷補訂
本，第 263～266 頁，第 586 頁）關於「六經皆史」說的探討，於此《序》均
不及引。或以李清之言不足舉，亦未可知。李清贊馬書「控六籍，吞百家，
駕九流，跨四部」；倡言「嗚呼！以史為史易，以經為史難。以經為史易，以
子為史難。以經為史、以子為史猶易，以箋、傳為史、以薈萃為史則尤難」（見
同頁）。此與鍾書所明之「夫言不孤立，託境方生；道不虛明，有為而發。先
聖後聖，作者述者，言外有人，人外有世。典章制度，可本以見一時之政事；
六經義理，九流道術，徵文考獻，亦足窺一時之風氣。道心之微，而歷代人
心之危著焉」（見《談藝錄》第 266 頁。下同）者，深淺疏密雖有不同，要之：
以為「六經」（「六籍」）、「九流」等一切作為精神之文字載記的典籍（錢鍾書
稱「心理之徵存」，李清說「四部」）莫非史料則無二致。

〔註83〕 梁啟超撰；湯志鈞導讀：《中國歷史研究法》，上海古籍出版社 1998 年版，第
52 頁。另參 1923 年 1 月 9 日演講《治國學的兩條大路》中的「六經皆史料」
說。（實即以經籍為史料。見許嘯天編著：《國故學討論集（上）》，上海書店
1991 年版，第 3 頁。）

〔註84〕 據 1897 年 7 月刊本《〈論語〉〈公羊〉相通說》，任公共撿取了《論語》中言
119 條（其中 23 條出後五章。《子張篇》3 條。）與《公羊》「比較」「疏證」，
以明「《論語》《公羊》同出一家之學」，（見梁啟超著；夏曉虹輯：《〈飲冰室
合集〉集外文》，北京大學出版社 2005 年版，第 1171 頁。）宣傳今文學大義。
另：早在梁啟超《古書真偽及其年代》談及《論語》的辨偽問題的 1927 年 6、

學術律動於此可謂昭然若揭。當然最富代表性的還是顧頡剛〔註85〕。先看思想：由《古史辨》第一冊《自序》及其他一些材料來看，顧頡剛一方面從晚清古文學大師章太炎等處頓悟了為學問而學問的治學態度，自康有為處獲啟了推翻古史的動機，另一方面又竭力要超脫家學的束縛，認為「家派既已範圍不住我們，那麼今古文的門戶之見和我們再」沒有什麼關係〔註86〕，指出「漢學是攪亂史蹟的大本營」〔註87〕，要「拿了戰國之學來打破西漢之學，還拿了戰國以前的材料來打破戰國之學」，以「完成清代學者所未完之工」〔註88〕，論定「古書的研究其實就是古史的研究，因為古書是古史的史料，研究史料就是建築研究歷史的基礎」〔註89〕。再看實踐：《論語》「堯曰」章辨偽在顧

7 月份之前，他在為清華學生講《中國歷史研究法補編》時講到寫《孔子傳》選擇材料的問題，指出「《春秋》的義到底是甚麼東西？後來解義的《公羊傳》、《穀梁傳》、《左氏傳》、《春秋繁露》到底那書可信？或都可信？可信的程度有多少？很是問題。」（見梁啟超撰；湯志鈞導讀：《中國歷史研究法》，上海古籍出版社 1998 年版，第 251 頁。）可以看出，此時的他已不再尊《公羊》黜《左傳》（《相通》一文有謂：「自偽《左》既興，《公羊》式微，《春秋》之學不絕如線，於是《論語》亦幾不可通矣。」見同頁。），而是一概以史料視之。和《論語》態度的轉變相比，其於《公羊春秋》的態度對經學轉史問題的說明無疑更為生動。

〔註85〕 古史辨派順應經學轉史學術大勢的問題，時賢已有論述，見顧洪：《論古史辨學派產生的學術思想背景》（《中國文化研究》1995 年夏之卷）等。我們這裡著意於從《論語》辨偽的角度進行具體的說明。

〔註86〕 《顧頡剛古史論文集（第一冊）》，中華書局 1988 年版，第 245 頁。

〔註87〕 《顧頡剛古史論文集（第一冊）》，中華書局 1988 年版，第 239 頁。

〔註88〕 《顧頡剛古史論文集（第一冊）》，中華書局 1988 年版，第 209 頁。任公曾言：有清「二百年之學術，實取前此二千年之學術，倒影而繹演之，如剝春筍，愈剝而愈近裏；如啖甘蔗，愈啖而愈有味；不可謂非一奇異之現象也。」（《飲冰室文集之七：論中國學術思想變遷之大勢》，中華書局 1989 年版，102 頁。）讀顧氏斯言，再詳審民國史學的總體相狀，我們發現儘管民國學術大異於清，但前此學術發展累積而成的「倒映」的衝動並沒有隨著民國的建立戛然而止，經學轉入史學以後，期間的史學發展也表現出了某種倒影的特徵，那就是在清代由心學而理學由理學而漢學由東漢而西漢完成對經學的整體檢視以後，進一步向與漢學脈系相連的子學時代復歸。顧頡剛此言無異於民國史學的一句夫子自道。期間無論是疑古、考古、信古還是釋古，無不紛紛將考論的重點指向秦漢及其以前（儘管在傾向上存在具體的差別，但對這段歷史群體性的熱心開掘是大體不差的史實），這種治學內容上的特點大約可以視為對清代學術「倒影」取向的繼承與發展。雖不敢說這種傾向涵蓋了民國史學的全部，但在其諸多特徵中，向子學時代「倒影」的取向是確有其實而不當否認的。

〔註89〕 顧頡剛撰、王晴佳導讀：《當代中國史學》，上海古籍出版社 2002 年版，第 135頁。

氏的學術創建中佔有比較重要的位置，也是經學轉史的一個注腳，先後見於1923 年 2 月 25 日顧頡剛寫給錢玄同論古史的信件，《古史辨》第一、四冊《自序》，《中國上古史研究講義》，《禪讓起源於墨家考》等等。在《古史辨》第四冊的《自序》中他公布了一個龐大的研究計劃，在作為整理舊系統古史結果的《古史考》之《道統考》部分，作者對可能的最早的道統說即《論語》「堯曰」章進行了辨偽：「疑出後儒孱入，非《論語》本有。推測原始，當在《孟子》。」〔註90〕儘管這同「禪讓起源於墨家考」中所論有其出入，但辨偽經以證古史的進路是一以貫之的。總之，經學轉史的學術大潮給長期浸泡其中的民國《論語》辨偽洗印了清晰的胎記。當然，胎記還不止這一處。

其二，學術承傳的局域素描。鼓蕩於洶湧澎湃的學術大潮之下的是學術傳統歷史性承傳的宏大潛流。這也不能不給民國《論語》辨偽深鏤下民族性的印記。首先是對於辨偽學歷史演進的表徵意義：作為辨偽學中的重要一隅，康、崔、章、吳、王、顧等人具體的《論語》辨偽成績同梁啟超等對《論語》專書辨偽的理論總結和反思一起，代表了我國古籍辨偽學長期發展過程中所形成的實踐與理論兩大理路的發展與承繼。其次：民國《論語》辨偽承舊開新的特徵在民國傳統文獻學系統內絕不是一家的專利，這在其他分支乃至傳統文獻學的整體都有普遍的象徵意義。比如民國時期函括《論語》題錄在內的文獻目錄便同樣表現出由舊趨新的轉變氣息，新版本形式的出現（報刊本、影印本），新分類標準的應用（從續四庫的編纂我們可以看出其中傳統四部分類法的演進），新題錄種類的形成（索引）等等，皆係明證。再次，《論語》辨偽的易代發生與繼續彰顯了清代考據學方法的歷史承遞。章、吳辨偽《論語》尊《說文》、重訓詁的特徵，錢穆辨偽《論語》中嚴格年代學方法的使用等，均是清代考據方法繼續存世和發揮作用的有力證據。進一步說，二種辨偽進路的同在共同體現了考信〔註 91〕傳統的歷史嬗遞。衛道和考信大約可以視作中國經史之學長期發展所造成的兩種學術傳統，文獻考辨作為經史之學共享的一個基礎性的學術分支，其長期以來的發展本身便是該傳統歷史延續的一種方式。我們認為所謂考信取詞於馬遷所謂「考信於六藝」，它內在的涵

〔註90〕《顧頡剛古史論文集（第一冊）》，中華書局 1988 年版，第 228 頁。
〔註91〕作為一種大的文化傳統，不同時代的發展也有其不同的時代性，民國時期所謂「科學考據的傳統」便是人們強調考據的時代性的某種指稱。參見劉夢溪《中國現代學術經典總序》，河北教育出版社 1996 年版，第 60～61 頁。

蘊著即尊經又重史的雙重意旨，兼具懷疑和考據兩種態度，疑為始，考為據，信為的。錢穆所謂「考信必有疑，疑古終當考」〔註92〕者，誠為洞明之論。這些特徵在民國《論語》辨偽中的體現可謂明白如話，荀子說「信信，信也；疑疑，亦信也」（《非十二子》）。識者自知，無須分析〔註93〕。

其三，社會發展的專業徵表。民國《論語》辨偽的諸種特徵的形成例同如此，絕不是書齋裏捧讀古籍的自然產物，而是學術同社會的互動演繹。突出的表現如下：

1、科學知識的潤澤。近世以來西方自然科學對於中國文化的巨大衝擊滲透於傳統舊學的諸多層面。《論語》辨偽這一專門學術領域也不例外。章太炎辨《論語》「觚不觚，觚哉觚哉」一章稱：「故曰觚不觚，嫌名實不相應；然凡以人巧作圓器者，唯是眾觚欑積，必不能為真圓；析六觚至一百九十二觚，析八觚至二百五十六觚，宛與真圓無辨。今西術稱圓為無數等邊，亦不得已而為之辭。」〔註94〕這裡我們看到的是晚清古文學殿軍對近代數學知識的援引。

2、科學方法的引入。上世紀 40 年代訪學美國的馮友蘭在課堂上申言，說應用邏輯分析方法考察古代觀念係西方哲學對中國哲學作出的永久性貢獻。其實哲學以外，新方法的暖風還芬芳了文獻辨偽者的鼻翼。顧頡剛曾專門提及：「後來進了大學，讀了名學教科書，知道唯有用歸納的方法可以增進新知」〔註95〕，強調「分析、分類、比較、試驗，尋求因果，更敢於作歸納，立假設」〔註96〕便是他印象最深的科學方法。這些方法在他具體的包括《論語》在內的文獻辨偽實踐中表現的非常清楚。之外諸如王國維對《論語鄭氏注》的考辨也是應用歸納法的明顯例證。

3、王氏的工作同時還凸顯了敦煌學在民國學術園地的新近興起。如所周知，敦煌學的出現是民國時期學術發展的新綠，敦煌四部書的發現對傳統學術研究有著極重要的價值和意義。其中所見的《論語鄭氏注》、何晏《論語集

〔註92〕 錢穆：《八十憶雙親 師友雜憶》，三聯書店 1998 年版，第 167 頁。另參〔美〕艾爾曼：《從理學到樸學》，江蘇人民出版社 1997 年版，第 23 頁、第 48 頁。

〔註93〕 古史辨派對疑經、考據精神的承繼前人有論，參見陳其泰：《「古史辨派」的興起及其評價問題》，載《中國文化研究》1997 年春之卷。等。

〔註94〕 章太炎：《廣論語駢枝》，見本社編：《章太炎全集（六）》，上海人民出版社 1986 年版，第 215 頁。

〔註95〕 《顧頡剛古史論文集（第一冊）》，中華書局 1988 年版，第 91 頁。

〔註96〕 《顧頡剛古史論文集（第一冊）》，中華書局 1988 年版，第 92 頁。

解》、皇侃《論語義疏》對《論語》學史的研究有很大的幫助，羅振玉、王國維等對《論語鄭氏注》所作的初步探研便是具體的展示，而這背後所顯現著的實即新生的敦煌學在我國的艱難起步。

4、外語學習的普遍流行。近代從 1862 年同文館創立開始以迄于今，國人學習外語引進新知的腳步就未曾止息。於是外國語言文化向文獻辨偽領域的滲透便成為了晚近以來此一領域的新景觀。任公疏解崔述從稱呼辨偽《論語》的方法，曾言：「春秋時代，當時談話，不稱夫子，單稱子，如英語的 You。先生稱學生，學生稱先生，都可稱子。如《述而篇》孔子稱弟子為二三子，《公冶長篇》子路向孔子說『願聞子之志』。那時雖然也稱先生為夫子，但只能在背面時作第二人稱。如《公冶長篇》子貢說『夫子之文章』，《八佾篇》儀封人說『天將以夫子為木鐸』，都等於英語的 He。」〔註97〕文獻辨偽本來是極富傳統色彩的民族學術分支。英文語法和單詞出現於任公有關斯學的課堂講演中，這不能不說是外文學習浸盛於故國的某種側面反映。

於此，我們可以清晰的認知外部環境對於學術發展具體而綿密的「規劃」力度。而隨著觀察的深入，民國《論語》辨偽的自身品格和特徵也漸漸凸顯和清晰了起來，比如專門性，這不待言。之外還有：

學派性。由上面的梳理來看，民國時期躬與《論語》辨偽的學人，儘管具體工作各富特色，但由於彼此間師承關係和師友情誼的存在，致令不少學人往往分享著某一個或某幾個群體性的理論預設，比如今古文學對古文《論語》的懷疑和迴護，比如史學陣營的不限今古等，從而事實上形成了辨偽《論語》的不同派系，比如由康有為、崔適等所結構的今文學系，錢玄同、顧頡剛、童書業、趙貞信等所組成的古史辨派等等，均非常典型。而恰是這樣的宗派特點以及宗派內不同特色的呈示，讓我們看到了期間《論語》辨偽的七彩斑斕。由這種學派性更衍生出如下兩個根本特徵。

民族性。如上已述，民國《論語》辨偽中存在不同的群體性理論預設。其中清代今古文學的民國存續，特別是由二者共同構成的考信傳統的綿延，充分體現了這一學術分支的民族性特徵。其外，支撐這一特徵的還有宋學派的遺存和接續。宋學自程朱以來一直都是中國文化的正系，即便有清一代漢學復興，其正統的地位也從未或失。作為一種七百年連續不斷的文化傳承，

〔註97〕梁啟超：《飲冰室專集一百四：古書真偽及其年代》，中華書局 1989 年版，第 129～130 頁。

其在民國時期的衍存與呈示，無可辯駁的體現了期間辨偽《論語》的民族性
特徵。

時代性。漢宋以外，新史學陣營的出現則張揚了民國《論語》辨偽的時
代性光澤。清末民初新史學興起，而後有著近代學術色彩的史料派和史觀派
在二三十年代踵足相繼。《論語》辨偽二者都躬與其事，前者更由此胎釉了鮮
明的時代性氣息。之外，諸如這一學術分支同敦煌學的交叉，比如羅振玉、
王國維、王重民的敦煌本《論語鄭氏注》考辨；同社會史的結合，比如杜任
之基於唯物史觀的《論語》考析；同國際漢學的比勘，如張昌圻評誤《洙泗
考信錄》時的漢學視界（見《洙泗考信錄評誤·自序》）；同民族苦難的呼應，
如杜任之所言「自偉大的民族抗戰以來，中國民族再一次實行自我批評」，因
欲對孔子學說予以「再研究與再評價」〔註98〕，許英所謂「島夷猾夏」〔註99〕；
等等，都是其時代性特徵的美麗標誌。

節律性。民族性特徵中學術傳統及不同學派的歷史流遞，同時代性特徵
中新學術派別的興起和參與，使得期間的《論語》辨偽表現出明顯的節律性。
民國初期，《論語》辨偽的主要特徵就是晚清而來的今古文紛爭的繼續；後來
隨著古史辨派興起錢顧等人找到崔述立起了疑古的戰旗，《論語》辨偽因而一
新；再後來又隨著社會史論戰的出現、史觀派加入而隨風丕變。是對民國《論
語》辨偽內在脈絡的分析。再從清代以來的《論語》辨偽史來看，這種特徵
更為明晰。學術演進的時代流動自不待言，即令辨偽作品的傳播方式也表現
出明顯的節律性。當年崔述大作雖成，然而由於生前未刻所以知者無多，即
令後來陳履和為刻數種，同樣反響甚小，聞者有限。與此相比，近代以來大
量報刊雜誌的出現，為學術作品的發表和交流造就了一個便捷高效的公共平
臺，可以說根本上改變了學術作品的傳播方式。作為民國學術大家庭的一員，
《論語》辨偽因其波而隨其流，傳播途徑一樣出現了歷史性的偉大進步。同
此前的刻書抄書相輝映，報刊雜誌式的作品傳播形式將期間《論語》辨偽的
節律性特點彰顯的淋漓盡致。總之，雖《論語》辨偽學稱專門，亦不能不感
時因世、應聲起伏。

系統性。感時因世的特點同民國《論語》辨偽的學派性、民族性和時代
性交織在一起，共同體現了這一學術分支系統性存在的本質屬性。學術創作

〔註98〕杜任之：《孔子論語新體系·前言》，復興圖書館雜誌出版社1948年版。
〔註99〕許英編著：《論語會箋·導言》，正中書局1943年版，第271頁。

作為一種實踐活動，其存在的時空性約制，決定了它的歷史承續首先是一種系統性故事：這一工作要受到創作主體稟賦天資、學術習慣、生存狀況的鉗制，同時還要受到個體之外集團性學術預設、總體學術文化走向、所在社會發展情勢乃至國際風雲變換、地球運行特點等多層次的外系統影響。如上所謂「學術大勢的生動寫照」、「學術承傳的局域素描」、「社會發展的專業徵表」，以及由此歸結出的「學派性」、「民族性」、「時代性」、「節律性」特徵，均是其系統性存在具體表現。

四、理論問題及其對策

　　然而文化實踐的意義絕不僅僅在對外部環境的映照和詮釋，也不只在於人們由此而獲得的總體特徵方面的認識，而是在於能對後來者有所啟示，以高抬貴手將來。於是我們必須將鏡頭拉回到現世，從民國以來學術史自身進展的角度，對其再作深一層的回眸和進一步的反思。

　　反思的結論是：張馳於經史之間的民國《論語》辨偽情勢，而今已經成為昨天的故事；後來的學術進展說明民國《論語》辨偽的結論有些已經不再合適。然而時至今日，《論語》的結集和版本問題仍舊眾說紛紜而莫衷一是。特別是大量竹簡材料的發現給這個本來就撲朔迷離的問題又增加了新的可能性向度。事實上要完全搞清它，筆者認為其難度一點也不亞於對蘇東巨變所以發生進行探析，屬於不折不扣的複雜性課題。焦慮之下我們不禁要問：

　　辨偽究竟有沒有可能？

　　平心而論，前此，至少是民國的文獻辨偽確實存在一些問題。這一點我們從張蔭麟對顧頡剛默證法的指責，以及另外的諸如柳詒徵等人的詰難當中已經略有所識。期間不少學人的辨偽本身就是對既有工作中所存在問題的反思，比如張昌圻便是很典型的例子。綜合前人已有的成果，再進行深一步的思索，我們對前此文獻辨偽的困境從過程和目的兩方面作一簡單總結：

　　過程來說，無論思維方式還是具體的分析方法都有明顯的不足。

　　前此的文獻辨偽在思維方式上存在不小的問題，突出的表現是對時代、作者、文本及其相互關係簡單化處理的運思模式，這在包括《論語》辨偽在內的民國及以前的辨偽文字中有大量的呈現。我們想強調的是辨偽對象的複雜性問題。事實上，民國時期（乃至更早如崔述〔註100〕）部分達者對此有明

〔註100〕見《考信錄提要》。崔述對某些問題的思考極深，並不比民國學人為差。

確的認識。張西堂明確指出：「先秦的古書，有許多不是自己編定的；流傳既久，難保無竄亂的地方」，「我們現在若僅根據文字、史事等類辨訂古書的真偽，恐不免有些冤枉」〔註 101〕；而且「思想是活潑的東西，不能絕對沒有變遷，也不說沒有似乎矛盾的地方；我們憑活潑的思想作史料的考證，應當以慎重的態度處之」〔註 102〕。具體到相關的辨偽著作。張昌圻在《洙泗考信錄評誤》的緒論中說：「世間沒有十足的好人，同時也沒有萬惡的壞蛋」〔註 103〕，「抽象的想像的天猶且不能全好，具體的實在的人哪能無缺？」〔註 104〕這是講人的複雜性。許英講到《論語》中對孔子的稱呼，說：「稱子稱夫子，本記者之辭，修辭自有剪裁，習語亦多變化，即而稱夫子亦人情之常，何得以為春秋所無。且春秋之末，即戰國之初，因變相乘，由來必久，刻舟求劍，理所難通」。這裡講的文本和時代的複雜性。杜任之說：「孔子生於春秋末世的激變時代，而其自身從幼到老所遭遇的環境，又有極大的變遷，其思想學說當然前後會有變化，甚至前後矛盾，而絕非一成不變，故對其思想學說不能由斷章取義便一概而論，對其人格活動也不能從一行一事便籠統批判」〔註 105〕這裡實質涉及的是時代、作者和文本相互關係的複雜性。總之歷史即便不是無限複雜確也是非常複雜，任何標籤式的思維方式──認定某種主張必為某家所專有，比如《古書真偽及其年代》認定孔子誅少正卯的理由，所謂「言偽而辯，行僻而堅，潤澤而非，記醜而博」四句話，「分明出自戰國末年，刻薄寡恩的法家」〔註 106〕，將「刻薄寡恩」捆綁於「法家」，更將「法家」同戰國末捆綁的做法，〔註 107〕顧頡剛謂稱「四海困窮，天祿永終」兩句源出《史記‧鄒衍傳》，強調「簡直就是墨子的尚賢兼愛天志節用等主義下的一個簡單

〔註 101〕許嘯天編著：《國故學論集（中）》，上海書店 1991 年版，第 123～124 頁。
〔註 102〕許嘯天編著：《國故學論集（中）》，上海書店 1991 年版，第 125 頁。在作出如上的闡說之後，張西堂專門舉了《論語》的例子。見上書。
〔註 103〕張昌圻：《洙泗考信錄評誤》，商務印書館 1931 年 6 月初版，1934 年 1 月國難後第一版，第 2 頁。
〔註 104〕張昌圻：《洙泗考信錄評誤》，商務印書館 1931 年 6 月初版，1934 年 1 月國難後第一版，第 5 頁。
〔註 105〕杜任之：《孔子論語新體系》，復興圖書館雜誌出版社 1948 年版，第 191 頁。
〔註 106〕梁啟超：《飲冰室專集之一百四：古書真偽及其年代》，中華書局 1989 年版，第 5 頁。這裡只稱書名而不說任公，是因為這是講義並非精心創作的撰著，為學生聽課易於理解計，內中有所疏闊本無可厚非。
〔註 107〕另見梁啟超撰；湯志鈞導讀：《中國歷史研究法》，上海古籍出版社 1998 年版，第 249 頁。

化的標語」〔註108〕的大膽論定等；抑或認定某人必當如何，如梁啟超辨「子路、曾皙、冉有、公西華侍坐」章中孔子贊曾皙，「和孔子思想不十分對。孔子最重經濟實用，這章卻裁抑憂國救時的子路、冉有、公西華，獎勵厭世清談的曾皙，在孔門思想系統上顯然衝突」〔註109〕的話，等等——都是有欠允妥的。

思維方式的偏執以外，傳統文獻辨偽在方法上也有其不足，突出的是歸納問題。儘管人類難於生而知之的特點同世界無限複雜之間的矛盾決定了人們難於捨棄歸納的思維方式，但是歸納的無效性還是在人們的懷疑中被早早勘破〔註110〕，畢竟知識的不斷增長本身便是對這種無效性明目張膽的宣解。於是無助的人們，包括部分文獻辨偽中人，對歸納又愛又恨、欲去而難捨。以梁啟超為例：一方面他認出「歸納法研究不出」「文化系的活動」〔註111〕的道理，另一方面又肯定其「整理史料」的「效率」。這種折衷了的乃至不得已的歸納法論析顯然不夠徹底，不過比起 1925 年仍在強調「唯有用歸納的方法可以增進新知」〔註112〕的顧頡剛來說，還是要洞明一些。建國後，曾躬與「古史辨」運動的童

〔註108〕《顧頡剛古史論文集（第一冊）》，中華書局 1988 年版，第 324 頁。

〔註109〕梁啟超：《飲冰室專集之一百四：古書真偽及其年代》，中華書局 1989 年版，第 130~131 頁。關於人物的複雜性，特別是孔子本身人格的複雜性，任公在發表如上觀點的前後有所論述，指出「以為孔子一定是如此的人，決不致那樣，某書說他那樣，所以某書不足信」，是「一種成見」。（見梁啟超撰；湯志鈞導讀：《中國歷史研究法》，上海古籍出版社 1998 年版，第 248 頁。任公講《古書真偽及其年代》在 1927 年 2 月~7 月，講《中國歷史研究法補編》在 1926 年 10 月到 1927 年 5 月。我們從文中所引《古書真偽及其年代》中文字及本注所引《中國歷史研究法補編》中文字在書中所處的位置來看，前者當為任公 1927 年 6、7 月份的觀點，後者大約也應是該年的言論，時間上早於前者。任公強調不應對孔子作標籤式看待的觀點和《古書真偽及其年代》中不經意的標籤式論定的前後共存，更凸顯了這一問題在文獻辨偽中的典型性以及認真對待它的重要性。）

〔註110〕愚見歸納問題的專利應落實給惠施等中國先哲，而不是一兩千年之後的休謨。前者許多不合於常的斷論，首先應該被視為對以正名為表現的歸納邏輯的突破。

〔註111〕梁啟超撰；湯志鈞導讀：《中國歷史研究法》，上海古籍出版社 1998 年版，第 143 頁。

〔註112〕《顧頡剛古史論文集（第一冊）》，中華書局 1988 年版，第 91 頁。如同對歸納效力的認知和發見是西學之惠賜一樣，時人對於歸納邏輯困境的認識，同樣很多都是受了西學著作的啟悟。比如和任公的覺醒在前後之間的周德偉（當早於前者。見氏著中國社會科學出版社 2005 年版《自由哲學與中國聖學》第 272 頁。）便是因了閱讀康德的緣故。其實任公的發現大約也應該是吸納西學知識的結果。

書業評價胡適推崇的「歸納和演繹同時並用的科學方法」說：「少數事例所表現的現象，並不一定是可靠的，根據這種現象想像出來的『假設』，可靠性更不大」〔註 113〕。同時他對古史辨派以歸納為手段的默證法也提出了批評。整體來看，對歸納法自覺或不自覺的執迷〔註 114〕是中國文獻辨偽中最大的隱痛之一，因為人們基於辨偽實踐的很多技術性的總結都是立基於歸納的經驗性的概括，比如從文體辨偽、從稱謂辨偽等等，而這些並不一定適用的總結及再總結至今仍在「謀劃」著我們的辨偽工作。儘管從不得以的層面來看人們的做法有情可說，但是我們必須指出：一味的執著於此，是大有害於辨偽目的之實現的。

目的來看，辨偽求真〔註 115〕是文獻考辨的偉大理想。可是，對於許多古本已逸又記載闕如的文獻而言，「口說既去，無所憑說」〔註 116〕，辨現存文本之偽容或能有所得，但欲證「非偽」部分之「真」實頗有一些困難。1926 年傅斯年在寫給顧頡剛的信裏說「孔子問題是個部分上不能恢復的問題，因為『文獻不足徵也』」〔註 117〕。這句出自當年大學同窗的諍語實在是切中了文獻辨偽的痛處。於是「理想」的偉大反增了「痛苦」的「光輝」。舒婷的箴言（原文見《會唱歌的鳶尾花》）逼迫我們不能不更深一步去思索：辨偽可能性的地基應該搭建在哪裏？

〔註 113〕吳銳等編：《古史考（第四卷 批胡適丁編）》，海南出版社 2003 年版，第 150 頁。

〔註 114〕其實崔述就是自覺運用歸納的人物。

〔註 115〕余英時謂「辨偽正是為了求真」（三聯書店 2004 版《文史傳統與文化重建》P413）。事實上在民國（乃至以前比如崔述，見《崔東壁遺書》P10，P11，P16）學人關於辨偽的探討中，儘管明確與否有一定差別，求真從來都是其旨內之意。比如顧頡剛（參《顧頡剛古史論文集（第一冊）》P101，P211，P215），胡適、劉師培（參上海古籍 1983 版《崔東壁遺書》P952），錢玄同（參中國人民大學 1999 版《錢玄同文集（第四卷）文字音韻 古史經學》P220），梁啟超（參中華書局 1989 版《飲冰室專集一百四：古書真偽及其年代》P31，P37；東方出版社 1996 版《中國近三百年學術史》P274，P286；上海古籍 1998 版《中國歷史研究法》P77，P91～96，P105；上海書店 1991 版《國故學論集（上）》P7），楊寬（參上海古籍 1982 版《古史辨（七）下》P68），曹養吾（參上海古籍 1982 版《古史辨（二）》P391），張西堂（上海書店 1991 版《國故學論集（中）》P141）等等。張西堂明確指出：「辨偽與求真是一樣的重要，應當一樣的努力去做」，「考訂一方面可認為真書的事業，勢不容緩」。更言「求真的方法可以從辨偽的方法中採用，只變換其目的便是」。

〔註 116〕康有為：《論語注‧序》，中華書局 1984 年版，第 4 頁。

〔註 117〕顧頡剛編著：《古史辨（二）》，上海古籍出版社 1982 年版，第 141 頁。

顯然，我們需要一個標準，可以反映辨偽工作的本質，概括既有的辨偽歷史，並能融攝前此辨偽的不足；還需要一些手段來克服上面的困難。

本質的來說，作為史料整理的文獻辨偽，隸屬史學當中的史料學分支，胡適將崔述作為「新史學的老先鋒」〔註118〕大概就是這個緣故。因為係史學的分支，所以它仍舊是一種敘事，一種基於部分文獻資料詮釋個人觀點的敘事。歷史的來看，確實也是如此，人們關於某些典籍，例如《論語》，無休止的聚訟紛紜對此是最好的解釋，儘管其可詮釋程度要受到相關材料的嚴格限制。《莊子·天下篇》講論先秦學術所謂「天下多得一察焉以自好」，「自好」的表象是以有所「察」為限的；這種相對自由情態下的「真度」的必須，便是辨偽工作中材料限制詮釋的展示。「相對真度」〔註119〕便是文獻辨偽長

〔註118〕〔清〕崔述撰著、顧頡剛編訂：《崔東壁遺書》，上海古籍出版社1983年版，第953頁。

〔註119〕講到這裡我們不得不對前此流行的後現代主義有關虛構的歷史的觀點有所辯駁，否則可能會被譏笑小腳女人的馬拉松狂想啥的（必須解除如是的懷疑才能為本文贏取來人們心態平和的閱讀）。我們覺得：這種觀點不過是由前此的人們因為發現了語言的無可規避（比如懷特）所造成的恐懼（或稱畏服）而產生的一種有類圖騰的陳述，它和古代人們的自然圖騰（比如風雨雷電）沒太大出入，所代表的只是認識發展的一個層次。慢慢的人們已經發現，風雨雷電儘管讓人心驚膽顫，可是天空的本質並不在於風雷電閃和陰雨綿綿，天空是雨過天晴時的彩徹雲衢，是和風徐徐中的晴空萬里，是太陽雨中彩虹背後的那片蔚藍的去處。總之，儘管由於語言對其自身乃至其外的精神世界和物質世界的遮蔽，讓發現了這層迷霧的人們一時間無所措手足，但這並不是世界的全部，在語言之上還有以語言為奴僕的精神領域（當然我們承認語言對思維有約制，但說到底它是思維的產物，並不是思想為語言服務而是語言為人類的思想服務），語言之下還有並不會因為人們把馬叫成牛便消失隱去的萬事萬物。就像我們否定語言的真實並不影響他真實的繼續下去一樣。在我們來看，儘管語言指稱和真實存在（真實不等於客觀；真實是藍天，客觀是人眼；眼睛的澄明因於心靈的操控，是「理性活動的一種成果」〈〔法〕保羅·利科著、姜志輝譯上海世紀出版集團2004版《歷史與真理》第6頁〉。）間聯繫密切，但不可以相互化約。總之，儘管存在的真實就在語言的指稱裏，但存在不能用指稱來替代。借用「白馬非馬」的傳統論述，我們姑且將上面的一堆總結為「馬非馬」的命題式短語。前一個指語言的「馬」，後一個指實存的「馬」。事實上因為語言是歸納性產物（黑格爾說「定義」是對於對象的本質的單純的特殊性的「簡括」。文見上海書店2001版王造時譯本《歷史哲學》第51頁。），所以從產生之初便是一種相對真的描述，兩者之間總有一段難於彌合的距離（主體情感取向的影響以外，作為一種語言的歷史敘述同歷史真實之間的疏離相當程度上也是這種「距離」的反映，它是由語言的自身特點所前定的。可以說，在語言的合法性被事實上取消以前，這種特點將與歷史學自身的存在如影隨形。人們所能作的不過是儘量削

期綿延之可能性的根基。「相對」支撐並涵納著不同時代不同的詮釋，體現了文獻辨偽的長期性和歷史的過程性；「真」則規定著詮釋的向度，體現著辨偽必須指向文獻原貌的目的性。兩千餘年來，古籍辨偽就是在這一規則的「潛」引下一步步從古代承延而來的，並將繼續在其「規範」中優雅的下行而去。

應該來講，作為組合性語彙的相對真度，不具有任何創新的性質。我們所以祭出學術理論界的昨日陳詞，是覺得其對於實際的文獻辨偽工作有著不容忽視的現實意義。作為史料學的一部分，後現代主義的東來無疑對其存在的合理性提出了巨大挑戰：當歷史的客觀性都成了問題，辨偽學還可不可以高懸「求真」的大旗？面對如此的詰難，「相對真度」便是我們給出的答案。語言的乏力，以及由此所產生的敘述同真實之間的背離對於文獻辨偽來說，並不是什麼致命的問題；真實就在「相對」的詮釋裏。相對真度提醒人們，一方面沒有必要因為時下「真」的「模糊」而懷疑辨偽的是否合理，工作完全可以繼續；另一方面也沒有必要因為「真」的遙遠而緊張的神經兮兮，只要腳踏實地的努力，終會等來月明花開的日子。「相對真度」的包容性為人們以求真為目的的各種各樣或對或錯或圓或方的文本解讀提供了一個簡易的理據。

工作一旦要繼續，另一個問題是，要在如此的寬容下竭人心智以辨偽存真，使可能轉入可行，除了人們已經總結出來的方法，我們還需要更多的幫助來廓清歷史的濃霧。幫助有二：一是考古﹝註120﹞，二是直覺。前者是外在的社會的援助，人所共識，不述；後者係內在精神的支持，需略作交待。

弱這種疏離的程度。）。當然若因為這種距離的存在而講什麼「實無名，名無實」（《列子・楊朱》。這裡我們並不是在《楊朱篇》的本意上，而是在指稱與被指稱的事實之彼此關係這一層面上使用這句話。）就又有一些過分了。可參王晴佳，古偉瀛著：《後現代與歷史學——中西比較》，山東大學出版社 2003 年版，第 142～152 頁關於「歷史記憶與歷史真實」問題的論述。

﹝註120﹞ 竹簡材料，特別是郭店竹簡的發現給《論語》考辨所帶來的嶄新氣象可謂有目共睹。郭沂《郭店竹簡與先秦學術思想》一書結合新材料對《論語》的結集、版本、流傳及修訂所作出的新的說明。據作者考證，今本《論語》基本可靠，這之外還存在大量《論語》類文獻也是基本可靠的孔子史料。當然據新材料考論《論語》版本等情況的還有不少，恕不一一列舉。另：時人結合新的材料對《論語》編纂年代的考訂頗使人振奮。郭沂推斷在前 436～402 年（見上海教育 2001 版氏著《郭店竹簡與先秦學術思想》書中《論語的結集》小節），俞志慧認為在前 429～400 年（見氏著三聯書店 2005 年版《君子儒與詩教：先秦儒家文學思想考論》書中所附《〈論語〉編纂年代考》一文），彼此相去不多。

　　辨偽的詮釋性質凸顯了這一工作的猜想性，猜想的解決離不開直覺。歷史的來說，直覺體悟至少從子思、孟子以來一直都是國人運思的重要模式，陽明竭力倡導的致良知的學說其實就是要人們培養一種分辨是非的直覺能力。「良知誠致，則不可欺以節目時變，而天下之節目時變不可勝應矣」（《傳習錄卷中‧答顧東橋書》），這就是直覺的本事。民國以來東西方對中國人的直覺能力都有清楚的認知〔註121〕。然而隨著邏輯分析方法的廣受推重（當顧頡剛等人裹挾者邏輯分析的利器掀起辨偽大潮的20世紀二十年代初期，柏格森的直覺主義正在法國大受歡迎〔註122〕），原來我們自己的長處反被漸漸忽視。儘管思想忽視的背後是具體實踐上的難於隔離。比如顧頡剛對於每一次重要的思想躍遷，總愛界定以「覺悟」二字〔註123〕；而他在沒有證實的情況下所提出的層累的古史說，無疑是民國辨偽學史上最偉大的一次直覺的想像。也就是說辨偽學在民國的又一次勃興在思維層面上依賴的實際上是我們自己的傳統，這對極其推崇西方的歸納之法的顧頡剛而言實在是一件趣事。正是以此，我們更要明確的宣布：文獻辨偽工作必須凸出直覺的能力。因為「史學家在搜集史料考證史料的時候，時時需要藝術的想像」〔註124〕。「它可以虛構一串事實」，「而且它所描寫的情節正和它所極其確信的歷史事實中的一切細節一樣。」〔註125〕聽到這些生動的語言，我們禁不住由衷的祈盼：不定那天，人們就可能一不小心在紮實考證的

〔註121〕中國如梁漱溟指認「蓋孔子總任他的直覺」，「我們的行為動作，實際上都是直覺支配」（中國文化書院學術委員會編：《梁漱溟全集（第一卷）》，山東人民出版社1989年版，第451頁。）；西方如馮友蘭在《中國哲學簡史》中特別提到的諾思羅普（Filmer S. C. Northrop。著有《東方直覺的哲學和西方科學的哲學互補的重點》〈The Complenentary Emphases of Eastern Intuition Philosophy and Western Scientific Philosophy〉）。關於中國人的直覺思維及近代人們對直覺思維的反省，參見中國社會科學出版社1991年版張岱年、成中英等著《中國思維偏向》一書相關節目。

〔註122〕作為顧頡剛的老師，胡適極推崇歸納和演繹（見《清代學者的治學方法》）。但胡適的方法學體系並不拘囿於此。他同樣承認「根據於經驗的暗示，從活經驗裏湧現出來的直覺，是創造的智慧的主要成分」，儘管在他看來博格森的直覺哲學「還是一種盲目的衝動」。（見《五十年來之世界哲學》。華東師大1981年版葛懋春、李興芝編《胡適哲學思想資料選（上）》第257～258頁。）唐德剛曾談到民國間自己做學問時以及胡適思想中的直覺問題。（華東師大1981年版葛懋春、李興芝編《胡適哲學思想資料選（下）》第142～145頁。）

〔註123〕《顧頡剛古史論文集（第一冊）》，中華書局1988年版，第14、33、75頁。

〔註124〕據杜維運：《史學方法論‧緒論》。見康樂、彭明輝主編中國大百科全書出版社2005版《史學方法與歷史解釋》，第112頁。

〔註125〕〔英〕休謨著；關文運譯：《人類理解研究》，商務印書館1957年版，第45頁。

基礎上〔註126〕經由直覺的想像（那塔利‧戴維斯強調：想像乃是被「過去的聲音」所引導的。〔註127〕）猜出歷史的迷題，而不必再有諸如什麼「謎底丟失了，說出來的都是猜測，而無最終答案」〔註128〕之類的浩歎。

所以對事實上普遍存在於人們的辨偽實踐中的直覺特別強調出來，一方面固然是因為它解決問題的強大的穿透力，另一方面也是對民國而來人們因為西法炫目而癡迷於邏輯分析的矯治。錢穆不就提醒過我們「西方新科學固然要學，可不要妨害了我們自己原有的生機。不要折挽了我們原有的活力」〔註129〕嗎？誠哉斯言。

總之，在「相對真度」的規制下，借助考古的幫助和直覺的支持，庶幾可以使文獻考辨工作達致辨偽求真的目的。而這便是我們對梳理民國《論語》辨偽所產生的幾個問題的最後答覆。

雪映世紀，滄桑百年。而今涉足過《論語》辨偽的民國耆宿大都已謝世西去。面對時間的無可奈何，文字的誦讀成為我們訴說感念和欽敬的唯一途轍。如上的文字便產生於我們含淚的誦讀和感念的求索。

昔賢有訓：「學問是必須一天一天地實做的，空虛和荒謬乃是避免不了的一個階級；惟其肯在空虛和荒謬之後作繼續不斷的努力，方有充實的希望。」〔註130〕當年顧頡剛寫給自己的這句勗勉之言，從學術史的長程來看，無疑還可以理解成「往聖」留給中國辨偽學的一泓深情期許。從他寫下如上文字的1926年至今，中華民族又經過了八十年的風風雨雨。上世紀80年代以來，東渡的西方文化再次搶灘華夏故土，新的思想、理論及作品雨點一樣浸潤著國

〔註126〕直覺指向結論（同時又照耀著過程），係識見層面；考證強調過程，屬功力問題。學理上來看，過程的嚴與疏並不意味著結論的正與誤。（識者自知。為文字計，不再舉例。而這也是我們強調直覺的部分原因之所在。）於是操作上的前後聯繫和學理上的兩分性質形成了文獻辨偽兩大版塊間的對立統一。過分強調二者的聯繫，會因為追求考證的嚴密而窒息直覺的穿透力；太為看重兩分，則會徑取直覺猜測而忘卻考證之必須，從而退化為街談巷議：兩種態度均不可取。必須即重直覺又重考證，方能使文獻辨偽兼富功力之深厚與裁斷之澄明，從而呈現出雄渾與靈透相得益彰的考辨之美。

〔註127〕〔美〕伊格爾斯著，何兆武譯：《二十世紀的歷史學 從科學的客觀性到後現代的挑戰》，遼寧教育出版社2003年版，第166頁。

〔註128〕劉小楓、陳少明主編：《經典與解釋的張力》，上海三聯書店 2003 年版，第214頁。

〔註129〕錢穆：《國史新論》，三聯書店 2001 年版，第372頁。

〔註130〕《顧頡剛古史論文集（第一冊）》，中華書局 1988 年版，第27頁。

人的精神軀體。於是，立基於新的視野重新檢視前輩的事業，成為後生的我們自然而然的運思進路和責無旁貸的義務。如何看待民國乃至其前的文獻辨偽，如何在問題的發掘中為之構設更為牢固的理論基礎，從而更好的接過先輩的大旗，是後生的我們不得不思考和面對的問題。

海外中國學研究一隅：儒家文化可否開出民主價值——以美國學界的相關探討為例

　　資料顯示，20 世紀中期以來，廁身儒學與民主比較研究的美國學人至少包括顧立雅、費正清、列文森、史華慈、柯文、墨子刻、穆迪、亨廷頓、狄百瑞、郝大維、安樂哲等等十餘位一流專家，所及領域駁雜、牽涉人物眾多、相關成果豐碩。系統梳理此一課題對於深入體認儒學價值和民主品格，把握和尋找中國特色的民治道路頗有一定裨益。

　　迄今來看，專門對此一問題進行探討的文字仍不多見，準是，我們在仔細收集和分析有關文獻的基礎上，對其進行了初步的勾勒和描摹。雖是掛一漏萬，終亦聊勝於無。

一、研究進路的隨風丕變

　　如所周知，到美國學界開始細緻解讀和研究儒學的時候，幾千年承傳的儒家文化早已在他的東土故國累積成了厚重的文化高原。由此，對於異質文化中人的美國學者來說，在異域的高原上樂山樂水、見仁見智，自然是理有其固然勢所以必至。而這也就決定了，此處我們所要探討的問題不可避免地會有些許移步換影的妙趣。

　　考諸史實，果然如此。

（一）從漢學到中國學

先是顧立雅（H.G.. Greel）、費正清（Jhon King Fairbank）、列文森（Joseph

R. Levenson）和史華慈（Benjamin Schwartz）等著名學者的有關探討為我們詮釋了儒學與民主比較研究中從漢學到中國學的律動。

作為 20 世紀美國的著名漢學家，顧立雅在他的代表作《孔子與中國之道》（*Confucius and the Chinese Way*，1949 年初版）的第十五章對「儒學與西方民主」論題進行了專門梳理。在對相關學術史進行細緻爬梳之後，顧氏指出耶穌會士們的儒學介紹對歐洲啟蒙哲學的發生和走向產生了一定影響，認為在法國大革命所以發生的諸多原因之中，有一種「精神的革命」，「在 17 和 18 世紀，這種精神革命使得整個西方逐漸地再次朝向了東方，走向了民主。不用說，儒學的新知識只是這場精神革命所依靠的許多因素中的一項」。鑒於法國的啟蒙思想在美國革命的醞釀階段發揮過明顯的作用，並對革命後美國民主思想的發展產生了重要的影響，邏輯地來看，作為一項重要因素促使 17、18 世紀法國的整個思想模式發生轉變的儒學，自然有其間接影響美國民主思想發展的可能，於是作者強調：「孔子哲學對美國民主思想之發展的影響，主要的並且只可能是通過這種法國影響表現出來。」他注意到「傑斐遜的一封信明顯地表現出他意識到了重農主義與中國之間的聯繫」。

如果說顧立雅對儒學與民主關係的檢討借助的是其中國上古史研究之母體的話，那麼以費正清為代表的哈佛學派，對同一問題的解讀，所依賴的，則是其對近世中國命運的深度關注，而這，恰恰體現了國際中國研究從傳統漢學向中國學研究〔註1〕的流變。前者研治重點在古代中國文明，後者則「注重近代中國與西方的接觸和相互關係，而對中國古代文明只作背景介紹」。費正清、列文森、史華慈上世紀五六十年代出版的《美國與中國》（1958）、《儒教中國及其現代命運》（1958）、《尋求富強：嚴復與西方》（1969）等著作於此是很好的說明；暮年的史華慈曾有曰：「費正清對現實的問題更感興趣」。

作為「美國中國學的奠基人」，費正清創立的「衝擊反應說」對 20 世紀

〔註1〕1988 年，時年 71 歲的史華慈撰哈佛大學 1938 年畢業同學報告，談到退休感想時說，「我的特殊的中國學研究給我這樣的西方學者提供了很好的研究機會」；五年後柯文在向哈佛大學推薦史華慈論文集的信中強調他是「中國學和其他領域卓越的學者」；再過六年，時任費正清中心主任的裴宜理教授在訃告中評價說「他的中國學研究有諸多重大貢獻」。參見朱政惠：《他鄉有夫子：史華慈生平和學術譜略》，載《世界漢學》第 2 期（2003 年出版）。不過在談到費正清的時候，史華慈認為「費正清屬於某種老派的漢學家，他懂得古典漢語，儘管他的興趣在現代」（劉夢溪《現代性與跨文化溝通：史華慈教授訪談錄》，見同刊），顯然費正清本人有著從漢學演進至中國學研究的明顯的蛻變痕跡。

下半期整個美國學界的中國研究都有著重大影響。在他看來，「2000 年來中國
政治生活中孔孟思想格局所造成的這種根深蒂固的惰性，說明為什麼中國近
代反對那種思想格局的革命要走那麼長的路」，儒學的道德原則和禮樂制度助
長了家長式統治，並產生了高度的專制主義，所以，也就根本不可能成為滋
生民主理念的溫床。列文森和史華慈都是費正清的學生，對儒學與民主的關
係問題，二人的看法與費氏基本上一脈相承：前者稱「在本質上儒家是反對
多數統治的」，由儒家制定的道德，「說得難聽一點，是君主和儒家相互依賴
的標誌」，近世中國的共和其實是「中國人對儒學虔敬之心的溶解劑」，視儒
學為博物館中的哲學；後者更通過嚴復之口強調了在中國個人自由、機會平
等和社會自治之「公心」的缺失，宣稱中國儒家傳統中缺少西方自由民主的
基礎，認為儒學有著完全不同於西方近代思想的內在特徵，在自由、平等和
民主制度建設方面存在著理論上的缺陷。

　　此一時期，哈佛學派的分析基本上是否定性的。比如，列文森早在 1953 年
出版的《梁啟超與近代中國心靈》（Liang Ch'i-ch'ao and the mind of Modern China）
一書中他就堅稱，雖然「在九十年代的中國，許多具有傳統思想的思想家仍然
活著」，但由於西方入侵而喪盡了和現實中國聯繫的儒教，作為一種思想，本身
已經死亡，失去了客觀價值的它此時所具有的不過是單純的主觀意義而已。

　　顯然，事實並非如此。

（二）從否定性批判到溫情地認同

　　進入七八十年代，美國學界對儒學與民主問題的探討有了新的變化。其
中之一就是人們開始樂觀地審視兩者的關係。相關學者包括狄百瑞（Wm
Theodore de Bary）、墨子刻（Thomas A. Metzger）、穆迪（Peter R. Moody Jr）
等（柯文也在其中，但考慮到文章的統籌與規整，我們放在下一小標題集中
介紹），在各自不同領域的研究中，三人不約而同地流露出對於儒學中民主價
值的溫情認同。當然，這種認同是在深刻認識此前研究不足的基礎上進行的。
事實上，從 1960 年代中後期到 1970 年代開初包括史華慈〔註2〕在內的一批學

〔註2〕其實在 1959 年創作的 Some Polarities in Confucian Thought 一文中，史氏便已經
　　　表達了自己「對在這一傳統中發現的生機勃勃的內在生命的某些領悟」（見
　　　Confucian in Action, Edited by Nivison & Arthur F. Wright, Stanford University Press,
　　　1959, P62）；1985 年出版的《古代中國的思想世界》（The World of Thought in
　　　Ancient China）書中，史氏著力發掘了儒家文化的保守主義特徵，而保守主義又
　　　是與自由主義相通的，從而也就為儒學與西方民主間找到了一條相通的路徑。

者就已經開始了對傳統近代模式的反思；前後及稍晚還有宣道華（Stuart Schram）、愛德華・弗里德曼（Edward Friedman）、林毓生、孔飛力（Philip A. Kuhn）、賈祖麟（Jerome Grider）、張灝等等；狄百瑞和墨子刻也是其中的兩員大將：轉變的發生，既不孤單也非偶然。

　　狄墨二氏的研究重點都是新儒學。與史華慈對儒學保守主義特徵的認知不同，反對僅僅根據西方的觀念來規定「自由主義」含義的狄百瑞，通過對宋明儒學的研究，努力發掘了儒學中的自由主義精神，從而為傳統儒學的現代更生提供了一種內在的理據。〔註3〕在他看來，孔子固然可以被稱為保守主義者，但同時他也提倡要以過去的理想作為批判現實社會的基礎，因此又是自由主義者；認為儒家的自由主義在黃宗羲的思想中達到了頂峰，並且強調，不管是對帝制和專斷權力的批判，還是對依靠制度和法律改革來消除君主制弊端的設想，抑或其教育思想、博學主張等等，無不彰顯著自由主義的精神氣象；遺憾的是，理學（作者對朱熹思想的自由主義質素也進行了考察）中的這種自由主義傾向後來逐漸消失了。墨子刻的觀點見於1977年出版的《擺脫困境──新儒學與中國政治文化的演進》一書，作者通過對既有研究進路的批判，特別是對儒家思想中所謂「困境意識」的論證，給儒學的繼續發展「塑造」了可能性因由，指出：這種困境意識在儒學體系中產生了一種動力，使得它能夠在困境中釋放出巨大的能量促成自身的創造性發展，也就是一種能夠變革傳統的傳統動力，準是，能夠成功擺脫宋明時期歷史困境、促使政治文化得以繼續向前發展演進的儒學，在近代自然也能夠完成其現代性轉換，探索到繼續發展的前進之路，開出現代自由民主精神。

　　穆迪的加盟來得似乎要晚一些，在1988年出版的《後儒家社會的政治對立》（*Political Opposition in Post-Confucian Society*）中，他從政治文化的

〔註3〕狄百瑞對自由主義有如下的歸納：1、文化自由主義，「積極的關心促進心靈的多樣性和素質，鼓勵對人類生活的多種可能性作同情的理解和批判的評價」。2、政治上的自由主義，「強調和平變革的方法順序」。3、經濟上的自由主義，「用以糾正經濟權利上的不平衡的政策」。4、哲學上的自由主義，強調「對於理性的探究方法的最高信念」。5、自由主義的稟性，以溫和、節制和妥協為特徵。6、自由主義的教育，「信仰長遠的道德理想和文化理想」。參見 Wm Theodore de Bary, The Liberal Tradition in China. (Columbia University Press, 1983)，P6。另據柯文的論述，在對傳統近代模式的反思上，狄墨二氏間有一種邏輯上的承繼關係，這就是為什麼《中國的自由主義傳統》晚出於《擺脫困境》我們還是先介紹前者的原因。簡為說明。

角度對儒學與民主關係進行了深入探討。在他看來，1980年代亞洲和拉美地區的民主化運動取得了巨大的成功，而政治學家們又重新燃起了對民主化運動的研究興趣，這使得對儒學與民主關係進行檢視顯得尤為必要。作者通過對社會結構和制度因素的分析和強調，巧妙地使儒學甩掉了此前被人強加的民主剋星的包袱，宣稱：儒學並不是必然導向專制，其核心觀念與現代民主理念也並不相衝突；東亞尤其是中國大陸在歷史上之所以長期無法形成民主政治，是因為沒有相應的社會力量或制度來約束權力的行使，或與國家政權相抗衡；「簡要而言，在儒學之中並沒有與民主價值或制度相敵對之處（無論不民主的儒家社會在歷史上曾經是怎樣的）。如果實用理性主義是現代社會的主題的話，儒學無疑是反現代的，它是　種理性反實用主義，但儘管儒家社會未能自發地產生出現代化，但一旦現代化被引導產生出來，他們顯得比其他類型的傳統社會更容易取得巨大成功」，這是對儒學推動現代社會發展作用的大膽肯定。就在穆迪出書的同一年，狄百瑞在一次名為 The Trouble with Confucianism 的演講中的進一步指出「是儒學——而不是通常人們所認為的『宗教性』說教——在其中起著關鍵性的作用，（在近代化歷程中）儒學起著馬克斯‧韋伯所認定的有效的具有強制性的宗教載體的作用，是處理與世界緊張狀態的超越性價值，而佛教與道教，這些通常人們認為的『宗教』，很少能起到這樣的作用」；晚近於1998年出版的《儒教主義與亞洲價值》和《亞洲價值與人權》中他對儒學與民主問題的新闡釋，基本上同樣都是肯定性的。

從手頭資料來看，七八十年代美國學界對儒學與民主關係的探討，大多屬肯定性的宣講。

其中，還有另外一個重要特徵潛藏。

（三）從外部觀審到內在考量

在研究取向上從注重思想存在條件的外部觀審到突出思想自身質素的內在考量的時代流轉。

而這比照上面提到的從否定到肯定的變換，毋庸置疑可以作為本質之於現象看。是在從顧立雅、費正清到狄百瑞、墨子刻的相關研究中有著清晰的呈現。前者特別看重中西文化以及儒學與存在背景間的相互影響，顧立雅對啟蒙時代教會力量與儒家思想對東西方不同影響力的比勘，費正清對西方衝

擊與東方回應的闡釋以及列文森對儒學與君主制關係的考索等，無不體現出經由背景和外緣的梳理來說明儒學命運及象狀的「外審」趨向。對戰後初期的美國漢學界的學風，史華慈有這樣的回憶：「美國的學術界一般強調社會、政治史，即使對人類文化有興趣，也是從文化人類學的角度出發，他們研究思想史，不是強調它的內涵，而是將思想活動本身當作是一社會歷史現象，所以思想總是被當做社會力或心理結構的反射，而思想內涵本身則並無意義。」

後者的不同在於認真強調了儒學內部和民主相關的諸多質素的情狀。

說到這裡，我們必須對出現這種變化的外在形勢和內在根據作一下補充說明，以便於人們更好更全面地理解內在考量這一「本質性」現象。從外在形勢來看，1970 年代出現的中國中心觀，開始奮力擺脫費正清的衝擊～反應模式，著力強調扎根中國，「從中國而不是從西方著手來研究中國歷史，並儘量採取內部的（即中國的）而不是外部的（即西方的）準繩來決定中國歷史哪些現象具有歷史重要性」的研究立場，推崇「移情」的研究方法，「力圖『設身處地』地（empathetically）按中國人自己的經驗重建中國的過去」。〔註 4〕從內在根據來說，實際上早在柯文提出自己的觀點以前，人們的儒學研究已經呈現出內部考量的趨向，柯文自己也承認衝擊－回應模式「這種做法和老一輩美國史家的『藍皮書』史學相比，已能較多地從內部觀察中國歷史」，而且至少從撰寫紀念文章《列文森思想的歷史主義》（*History and Culture in the Thought of Joseph Levenson*）一文的 1971 年開始，史華慈便已明確地開始了對

〔註 4〕在柯文強調從內部用移情的方法（在繼承本書觀點的 1997 年出版的《歷史三調》中，他繼續強調了要努力「抑制」我們的「局外人」傾向，以解正在研究的歷史人物的意識。見杜繼東譯本，江蘇人民出版社 2000 年版，第 250 頁）思考中國歷史的前後，我們注意到從 1960 年代開始「第三代的年鑒派歷史學家們中間就激活了一場心態史學」，此後至少到了 1990 年代，一直有相關作品持續不斷地問世（見〔美〕伊格爾斯著，何兆武譯：《二十世紀的歷史學──從科學的客觀性到後現代的挑戰》，遼寧教育出版社 2003 年版，第 68～70 頁）；杜維明在 1985 年的書作中指出：「歷史的經驗並未直接回答這樣一個問題，即是否在任何形式的儒家思想中有作為一種當代哲學選擇的價值。要回答這一問題，人們必須從完全融入該時代的生活開始做起，這樣的一種融入是為歷史研究方式所（無意識的？）迴避的。」（Tu Wei-Ming, *Confucian thought, selfhood as creative transformation*. State university of New York, Albany 1985. Forword by Robert. C. Nevile.P3）：對於史學思想上受到年鑒派影響以及杜維明置身其中的美國學界的儒學與民主探討而言，這些都是我們應該注意到的相關景象。它對於更好的認知不無益處。

前者服膺已久的傳統～近代模式〔註5〕的反思，第二年他發表了「進一步質疑」傳統近代模式的《「傳統對現代」作為解釋範疇的侷限性：中國知識分子的情況》（ *The Limits of 'Ttadition Versus Modernity' as Categories of Explanation: the Case of the Chinese Intellectuals* ）一文。〔註6〕

　　具體到相關人物，狄百瑞對儒學中自由主義傳統的發明、墨子刻對儒學困境意識的闡釋，包括後來人們對儒家社群主義的檢討，顯然都是內部考量方法的具象呈示。狄百瑞更被人推重為這一儒學研究取向的「指標性的人物」。解讀宋明儒學中的自由主義思想，論及朱子對學以為己和克己復禮的解釋，他分析認為，前者強調通過正心誠意來認識和實現自我以完成學以為己之根本教育和學習目的的詮解，體現了自由主義的精神；說，理學家所宣揚的「克己」，並不是一般地壓抑自我，而是要自我約束，約束為惡的自我，「克己復禮」在朱熹其實是個人與他人交往的自我擴展與實現，「禮」是其外在的表現形式，如此的自我克制在西方已被確切地理解為自由主義，便即經由內在考量來解讀儒學與民主關係的典型例證。1990 年代繼續豐富著自己思想的他在《儒教主義與亞洲價值》一書中，對儒學與民主問題進行了更高層次地復位，強調其「並非是一個亞洲與西方的價值觀對抗問題，而是一個已失去控制的經濟和科技的現代化力量怎樣侵蝕亞洲和西方的傳統價值的問題」，儒學與民主的關係問題在這一時期的狄氏那裡，被還原成了東西方內部都存在的傳統與近代關係問題。對於此一課題從外在觀審到內在考量的流變而言，這種朝著東西方文化內裏的雙向還原，無疑有著十分典型的意義。

　　狄氏之外，1990 年代著力挖掘儒家與社群主義關係的還有郝大維（David Hall）、安樂哲（Roger T. Ames）二人，他們的研究共同昭示了內向探索的新視域。與此同時，從郝、安的工作中我們還看到美國中國學界儒學與民主比較研究進路的又一次重要轉變——

〔註5〕高揚傳統近代模式的列文森觀察中國的基本進路無疑是「外在式」的，但這並不是說其在主觀上不想進入中國內部，事實上，他「主要關切的不是『外在』的世界，即近代中國的經濟、政治和社會的變化，而是『內在』的世界，即中國人怎樣看待和感受不斷變化的周圍世界」。（〔美〕柯文著，林同奇譯：《在中國發現歷史：中國中心觀在美國的興起》，北京：中華書局，2002 年版，第 68 頁。）

〔註6〕參見前引柯文《中國中心觀》一書頁 96、99 注釋 26、51，及《漢學研究》第二期，朱政惠：《他鄉有夫子：史華慈生平和學術譜略》1971、1972 兩年的相關文字。

（四）從現代性讀解到後現代反思

事實上，此前所談到的從批判到認同、從外觀到內審的流轉都多多少少跟後現代主義的興起有關。20 世紀六七十年代以來，伴隨著西方現代殖民體系的徹底解體以及世界多元化發展趨向的日益顯現，比如儒家文化圈包括臺灣在內的所謂「亞洲四小龍」的崛起，在學術思想界以後現代主義命名的解構主義思潮取代了存在主義和結構主義。在後現代主義顛覆總體理性，大力反叛元話語（metadiscourse）和宏大敘事（grand narrative）的背景下，作為現代政治哲學核心話語的現代民主理念，其神聖品格也開始越來越多地受到人們的質疑和拷問。而對其他民主體系的探尋甚或開掘，也因有了「解構」精神的支撐而變得更加容易。郝大維同安樂哲一起創作的系列作品中有關此一問題的思考是這方面有代表性的例子。

郝大維和羅蒂（Richard Rorty）都是新實用主義者。作為美國後現代主義的巨匠，羅氏大聲宣稱「那種拒絕了核心和深刻這樣的隱喻的文化多元論，是與民主政治、與給我們以當代民主國家的社會和實際制度是一致的」。後面的文字來看，這裡所標舉得文化多元論恰也是郝、安二人的合作所堅持和證明著的。他們在 1987 年出版的書中講到，「宣稱當代西方文化已逐漸較少受到歷史主義和改良主義思想的支配，這表明我們贊同西方思想文化屬『後現代』的主張」，「後現代主義逃離確定性而投誠於理論相對性和不可通約性，以及它重新將質的維度引入人文和科學認知，這一切都在質疑著當代知識界對過去片面超越性的長久信仰」，甚至認為「說當代西方文化產生於後現代主義批判這種認識，既不令人絕望，也不是憤世嫉俗」。顯然，至晚在此之後，二人有關儒學與民主關係的比較文字應該來講，自覺的也好，無意識的也罷，大約某種程度上都可以看作是後現代反思的產物。便是在同一部著作中，在談及儒家「民」的概念時，二者強調「在一個自由民主的社會中，個人感到自己與其同胞是平等的。確實，對這種平等的信仰已經列入大多數西方國家的憲章制度中。而且它是一個不能隨意質疑的信仰。然而，如果沒有對社會真正擁有美德之人的適當敬意，社會團結的種種形式並不容易存活下去」，認為「對於當代盎格魯－歐洲自由民主的擁護者來說，儒家『民』（大眾）與『人』（君子，精英）的嚴格區分或許相當不舒服，但其中卻確實不存在社會階層中由純粹量的區分造成大眾化的有害影響」。

　　第二年，二人在另一部專著中進一步肯定地指出：「共同體秩序的儒家模式使某些未加剖析的基本假定成為問題，這些基本假定極大地促進了自由民主的發展。」嗣後的日子裏作者繼續思索著此一問題，從 1995 年《中國、杜威及過時的民主》一文到 1999 年里程碑式的 *David L. Hall and Roger T. Ames: The Democracy of the Dead* 最終以專著的形式大膽確認了他們對儒家與民主關係問題的深入思索。內中作者一邊強調「對於啟蒙運動，現代性及現代化的冠冕堂皇地惟一說明只是另一種偏狹的神話」，一邊高呼「在儒學傳統內仍有不少可資利用的東西，可以藉以構建一個有活力、充滿人情味、有條理的民主模式。這個民主模式一方面可以與傳統的中國的社群主義意識相吻合，另一方面又可以避免建立在權利基礎之上的自由主義的許多弊端」，認為「儒家的價值觀」是「一塊可以培育出民主社會的原生地」，而「如此這般構思出來的『現代性』明顯是西方的一個發明，因而他對未來中國成型的相關性決不能被看成是一件理所當然的事」。看得出探索儒家民主模式的底層仍然是對現代性觀念的認真反思。當然，一如德里克對 1980 年代儒學復興大討論的論定，「實際上，當現代化理論解釋世界越來越困難時，大討論扶持了現代化理論。討論者並沒有像他們所說的，將現代性『傳統化』，他們是將傳統現代化了。這兩種說法，在理論意義和政治意義上，都不過是對目前資本主義現代性的肯定」，我們說，毫無疑問，郝、安二氏對儒家民主的追尋，也不過是對現代性的反思式的學術肯定罷了。

　　即上來看，從漢學到中國學、從否定性批判到溫情的認同、從外在觀審到內在考量、從現代性讀解到後現代反思，[註7] 半個世紀裏美國學界對儒學與民主關係的探討，隨著觀察主體、觀察角度、觀察對象，特別是觀察者所處學術背景的起伏承轉而不斷變換，宛若一幀流動的油彩畫卷，引人矚目，惹人遐思。

　　當然，我們也必須承認，在變動不居的色彩裏，還有一些不容不說的共同之處。

────────────

〔註7〕這種從什麼到什麼的表述方式主要在突出一種大勢上的承轉，絕對沒有、也不可能有後者完全代替前者的意思。比如到了九十年代後現代主義盛行一時的時候，史華慈仍是認為現代性根本沒有結束（見前揭 1999 年劉夢溪的採訪），而亨廷頓則仍在秉持費正清式的對中國文化的一種極其嚴厲的批判性審視，堅持認為儒家民主在字眼上就是矛盾的（1991 年《第三波：二十世紀晚期的民主化》一書）。

二、文化視野的一以相貫

　　這是我們對半個世紀裏美國學界儒學與民主關係探討的整體視角的分析與概括。

　　如所周知，儒學是東方文化中最富影響力的一個大宗，漢代以來一直都是中國文化的頂梁，而民主則是西方政治文化的核心價值；由此，儒學與民主關係這一課題本身的提問方式，也就決定了人們特色各異的關注，大約都逃不開文化比較的總體模式。

　　先來看一些事實〔註8〕。

　　「在五十年代和六十年代當衝擊－回應與傳統－近代模式在美國學術界占統治地位時，人們把巨大的解釋能力賦予中國『傳統』社會與文化的性質——從而或隱或顯地也賦予中國社會－文化如何與西方或日本不同以同樣巨大的能力。對中西衝突的研究——如費正清的《中國沿海之貿易與外交》（Trade and Diplomacy on the China Coast）和我自己的《中國與基督教》（China and Christianity）——雖然用很多篇幅討論政治、經濟、社會、制度及其他因素，但往往把文化方面的差異與相互誤解（它們首先表現在對事物的態度與價值觀念方面）視為中西衝突的根源。同樣，研究類似下列主體的有影響論述，也都認為中國社會與文化的特殊性質在解釋歷史時具有根本的重要意義，這些主題包括：中國在晚清未能實現工業化（費維愷），中國與日本對比未能對西方作出有效回應（費正清、賴肖爾與克雷格），儒教的國家無力推行近代化（芮瑪麗），以及中國社會自身無力發展成『具有科學氣質的社會』（李文森）等。這種對社會或文化因素的強調是採用諸如衝擊－回應與傳統－近代等思想模式的自然副產品，因為這些模式是以社會文化（sociacultural）對比為中心概念而建立起來的，而且力圖主要通過中國與西方在文化與社會方面的差異來解釋中國」。

　　在《中國中心觀》一書的結尾，柯文自豪地強調著中國中心取向的特徵，最核心的前三個分別是，「從中國而不是從西方著手來研究中國歷史，並儘量採取內部的（即中國的）而不是外部的（即西方的）準繩來決定中國歷史哪些現象具有歷史重要性」，「把中國按『橫向』分解為區域、省、州、縣與城

〔註8〕「事實」這個詞在這裡並不很合適，因為我們借助了別人的觀察，權請從現象的意義上來理解；講它是「事實」不過是想強調這些現象並非無稽而已。這些事實及相關主體同美國學界對儒學與民主關係的探討關係甚密。

市，以展開區域與地方歷史的研究」，「把中國社會再按『縱向』分解為若干不同階層，推動較下層社會歷史（包括民間與非民間歷史）的撰寫」，得意地宣稱「人們在探討中國近世史問題時逐漸把重點從文化轉向歷史」，它「進行比較的重點不是一個文化和另一個文化（中國與西方）的不同，而在於一個文化（中國）的內部前後情況的不同」，「由於強調某一文化以變化為中心的看法，依此看法，文化作為解釋因素，退居次要地位，而歷史——或者說一種對歷史過程的更加高度的敏感性——就漸居注意的中心」。承認這些有其合理的一面的同時，必須指出，即便不去考慮上述的核心特徵分別是對文化民族性、空間性和階層性的認可與應用，也必須指出，其所強調的從「對歷史過程的更加高度的敏感性」其實仍不過是文化的歷史過程而已，歷史感知的底層是更為基礎的文化審視。

再來看一些 20 世紀下半期美國儒學研究親歷者的史華慈的一些信息。

1960 年，博士畢業後經過了十年積累的史華慈與費正清等一起主講中國傳統社會和文化問題講座，任課主題有「傳統中國社會的出現」、「中國的機構和文化發展」；四年後在哈佛政治系開設當代中國系列課「關於文化遺產問題」等，同年發表《尋求富強》一書「對嚴復在中國文化方面之貢獻，表示崇高敬意」；65 年致函學界同行贊列文森「在中國研究領域，他的宏博的文化學識使他得以以比較的視角進行所有他的研究和分析」云云；69 年，在政治系主講「當代中國」課程，主要有「文化傳統問題」等；70 年春，在政治系主講「中國的文化遺產」等課程；76年臺灣出版《尋求富強》一書中文譯本，出版社的說明詞寫道：「本書原名 In Search of Wealth and Power，是探討嚴復思想的經典作，也是分析中國與西方文化的深刻作品。……這是繞著嚴復思想來解說中西思想文化真質的書，它的價值歷久彌珍」；78 年在政治系講授課程「文化傳統」、「文化意識形態問題」、「文化問題」等；85 年《古代中國的思想世界》一書出版，書中所強調的基於「問題意識」層面的文化比較為此後的史華慈所篤志奉持、所不斷宣講，同年出版自編文集《中國的文化價值》；88 年在有關文字中提到「我的特殊的中國學給我這樣的西方學者提供了很好的機會，即從一個比較的視角，探索文化歷史的經驗」云；89 年《尋求富強》大陸中文譯本出版，有關介紹中，學者們強調了史氏推重的「文化的學習者一方的文化闡釋也可以具有創造性」的觀點；90 年，由柯文、墨爾·戈德曼（Merle Goldman）主編，獻給史華慈的《跨越文化的思想》一書出版，引言

中強調了史氏高拔的人類經驗視野；96 年出版《中國及其他》收錄《對政治史和思想史的扼要辯護——專談非西方文化》等；99 年，2 月發表《全球主義意識形態和比較文化研究》，9 月兩次接受中國學者採訪，暢論文化、現代性、跨文化溝通、全球主義、語言、宗教等問題，10 月發表生平最後一篇論文《中國與當今千禧年主義——太陽底下的一樁新鮮事》，從比較文化的角度切入分析人文主義對於人類社會的重要價值。

可供列舉的材料當然還有很多，選擇如上一些典型模式和人物的相關資料，對於問題的說明來說，大約已經夠用。

我們說，撇開具體的研究進路上的不同，作為探究儒學與民主關係的學術土壤和背景，美國學界的中國學研究，基本上都是一種文化視野〔註9〕內的分析與比勘，而這也就決定了前者不可避免地同樣是一種文化視野下的具體考索。行文至此，我們不能不奉上作為後來者對於現代新儒家開山人物梁漱溟先生的無限敬意，畢竟，啟端於他的系統的東西文化的比較研究範式，至今仍在中華故土乃至異域他鄉的中國學研究中閃耀著燦爛霞光。在他，「一家文化不過是一個民族生活的種種方面。綜括起來，不外三方面」，「精神生活層面」、「社會生活層面」和「物質生活層面」。曾系統整理和編輯梁氏文字的龐樸先生同前者頗有相似，認為「文化是人的本質的展現和成因」，包括「物質的部分、心理的部分以及心物結合的部分」，前者屬文化的外殼，心理部分

〔註9〕當然，這種文化視野本身並非鐵板一塊了無差別的。細心的人會注意到，事實上從衝擊－響應和傳統近代模式的中西兩立到柯文的中國中心再到史華慈等津津樂道的跨文化溝通，美國中國學界二戰後的中西文化觀經歷了一個從強調對立（與近代西方有著巨大差異的傳統中國仰賴西方列強的侵入才得以走出舊我實現新生），到承認雙方統一存在（中國文化自有其連續性與特殊性，對有關問題的分析應尊重其自身特點從中國內部著手展開），到發現彼此作為人類記錄、進而超越中西的發展過程；實際上，柯文的模式與費正清的模式在基本思維方式同樣都是「中心主義的」，只不過前者的中心是西方，而後者更強調中國罷了，不過在強調人類經驗的史華慈那裡，中西雙方還是得以在問題意識的層面上真正心平氣和地坐了下來，比較、攀談，乃至偕行林間、把酒言歡。他說：「我認為打從所謂『軸心時代』開始，各個文明中各種文化導向所導致的並不是含義明確無誤的答案、反思或響應，而是彼此共同分享的『問題情境』。我曾說過：問題，由於涉及人類存在的經驗，所以是普世性的；但是答案，由於出自人類，所以總是有分歧的。」這位老人在自己生命的最後歲月裏，還諄諄告誡我們，他「對美國今天的文化有很多懷疑，希望中國會保持自己的文化傳統」（劉夢溪《現代性與跨文化溝通：史華慈教授訪談錄》，載劉夢溪主編：《世界漢學》第 2 期（2003 年出版）。

屬觀念層面，最後面的是制度層面。以此為據，再來審視美國學界對儒學與民主問題的研究，其文化視野直是朗若白晝、纖毫可辨，概念解讀、制度分析以及或隱或顯的物質條件關注，在在說明了文化視野的真確不虛。

在題為《儒學與西方民主》那章，顧立雅雖然提到了傑斐遜對重農主義同中國關係的注目，不過他也指出，由於此時西方與中國之間交往的日益加深，真實的中國已經不能喚起正逐漸步入近代的西方國家的任何興趣，所以無論是傑斐遜還是富蘭克林都沒有對中國儒學本身作過研究，但作者同時又強調了科舉制度與傑斐遜思想有其相同之處，因而「有一種受到這種影響的明顯的可能性」；費正清認為，「儒教社會的結構造成了一種制度上的僵化和心理上的遲鈍，它妨礙了中國對西方衝擊的成功反應」；列文森則稱，「儒家的『民意』觀念，並不具有任何『民主』的含義」；對於集中體現了史華慈儒學思考的《古代中國的思想世界》一書，費正清東亞研究中心研究員梅谷在紀念文字裏提醒我們，「借助於與其他文明（尤其是西方古代文明）的奠基性概念的廣泛比較，他向我們闡明了古代中國對於政治權力的觀念」；作為史華慈的學生，在《擺脫困境——新儒學與中國政治文化的演進》（書名本身便是文化視野的上佳注腳）一書中，墨子刻主要分析了宋元時期中國新儒家（neo-Confucian）的思想觀念，同時對以往把中國的現代化簡單地歸結為西方化的論點提出了異議；狄百瑞認為，作為儒家自由主義思想頂峰，黃宗羲的《明夷待訪錄》直接批判了帝制及其所擁有的專斷權力，並且提出了應依靠制度和法律的改革而不是個人的道德來消除君主制的弊端與罪惡的卓越觀點，認為這是法治思想和民主制度的體現，「黃提出了建立具有積極意義的基於人類價值之上的法律觀念，這種法律比王朝律令更為重要，其目的在於公正無私地保護和促進人類的共同利益。這大概可稱為是我們如今所稱謂的『人權』的一個框架」，之外，他還強調了黃的學校教育思想與現代議會有某些相似之處；和墨子刻相仿，穆迪《後儒家社會的政治對立》中的觀察同樣屬於政治文化審視，力言「對於東亞而言，沒有一種普遍適用的民主化理論，因為這一過程將依賴於特殊社會的文化、政治條件、政治制度和歷史環境」，宣稱「對於政治文化的研究應努力沿著社會價值與社會制度互動關係的軌跡進行。在傳統國家中向專制主義發展的趨向大多是一種國家權力的體現，而儒學就其自身而言是盡可能地為專制權力提供一種不完美的正

當性。儘管儒學是為專制國家服務的，但專制國家自身的興起是由於沒有足夠強大的社會機構或制度作為抵禦力量」；上世紀末，在文明衝突論甚囂塵上的 1998 年，狄百瑞在《亞洲價值和人權》一書中提出了針鋒相對的觀點，認為儒學與民主、人權觀念並非完全對立，儒學所代表的東亞文明也不會對西方文明構成威脅，指出儒學中事實上包含了許多與人權觀念相關聯甚至是相通的思想，比如作為儒學人道主義思想基礎的「仁」，就特別關注人格的圓滿和人們的現世需要，認為這就使儒學成為了一種富有人文主義精神的文化傳統，故而也就不可能與人權觀念毫無關聯，言稱孟子的人性本善和人權學說所強調的人生而有尊嚴相似，理學家所謂人稟氣賦形、受命成性、皆為天子的思想和西方人生而平等的思想，均是對平等權力的強調。對於包括《先賢的民主》在內的郝大維、安樂哲的合作與成果，南樂山認為「它在跨文化比較研究中是革命性的」，「這些合作的著述發展出了一種名副其實的文化哲學」。

事實已經比較明顯：美國學界對儒學與民主關係的考察，同整個美國學界的儒學研究相類，大約都是一種文化視野內的比勘和審視，這同梁漱溟《東西文化及其哲學》中所揭櫫的文化比較模式並無本質上的相異；具體內容來看，兩者的內在屬性以及相關的社會背景決定了，人們的比較，更多涉及的是觀念（如郝大維和安樂哲對儒家民主模式的開掘奠基於對 individual、community 和 human rights 的解讀和分析等）和制度問題（1950 年代的時候作為當代美國中國學奠基人的費正清就曾專門編輯過《中國制度與思想》一書。John K. Fairbank, ed., *Chinese Thought and Institutions*. Chicago:University of Chicago Press, 1957.）。

可以說，發現了文化視野，也就找到了透析美國學界儒學與民主比較研究這一油彩的焦點。平心而論，這一點帶有部分的不證自明性。我們這裡所以不厭其煩苦口婆心地論說和證明，其義還在強調儒家價值與民主理念的異同首先應作文化問題來看，信眾應基由文化的寬容精神別同異較長短，相互尊重、相互學習，和諧並存、共同發展，而不是相互敵對和排斥。

當然，這還不是全部。因為同焦點相比，鑲嵌油彩的邊框和牆壁，可能要顯得更加厚重和有力。且讓我們來看看邊框的長短粗細和牆壁的彩素高低。

三、西體中用的成敗得失

就在當代美國中國學研究的經典巨著《古代中國的思想世界》出版的同年，置身文化熱潮的中國學者（黎澍）提出了「西體中用」這一詮釋近世中國歷史的新命題。拋開其時代底色和具體內涵不論，我們認為用它來對美國中國學界的儒學與民主比較進行揭示與描摹，較之前者似乎還更為恰當一些。即使是柯文強調要設身處地地在研究中採中國中心取向，即使連「集中體現了整整一代美國史家中狹隘主義思想」的列文森都「對中國文化表現了深刻的敬意」，我們還是不得不指出：整體來看，美國學界在檢討儒學與民主關係時所持的基本文化立場仍是西方本位的。

這樣說當然不是要否認美國學界的已有成績，相反，這個結論恰是在充分肯定既有模式價值基礎上的自然推理。有謂「沒有同情的理性會成為冷酷無情的算計」，所以我們相信，這裡基於傳統的「中體西用」文化觀的對異域相關研究所進行的「西體中用」地解讀，達觀的美國中國學界一定會同樣持一份同情的理解予以坦誠地對待。我們認為，就算在美國學界都已漸漸為人所忘記，對於流行於上世紀五六十年代的衝擊－回應模式，我們也不能輕易將它忽視，至少，還有如下兩點值得注意：一是人文學科的課題依據經常地（或者說總是）藏身在現世世界裏，二是課題探研的首要目的一般也都是指向當下人生的某種急需（世界的、民族的，抑或是社會人生的）。對包括費正清成果在內的相關學術斬獲，有人提出，「總體而論，中國研究變成了美國全球化總體戰略支配下的『地區研究』（The Regional Studies）的一個組成部分，帶有相當強烈的對策性和政治意識型態色彩」。事實上，如上的兩點分析對整個美國學界的儒學與民主關係探討都有其普適性，也就是說，作為學術現象的它們，其出現的依據和指向的目的相當程度上都存在於美國當世，儘管其中不免也有為學術而學術的高貴理想，但這個理想孕育和盛開的地方仍舊是美國中國學研究的園圃；作為材料和手段的中國二字顯然抹不去創作主體和學術產品的美國胎記。

以中國中心觀為例。其實柯文《在中國發現歷史》一書在大陸的譯介，所引起的轟動、共鳴和推重，本身便是如上分析的很好說明，必須承認：即使某些共同的問題意識讓背景不同的學人在卓越學術經驗的分享上產生出強烈的認同，我們說這種「跨文化的溝通」也不能否認中西方學人及其成果不同的「家庭」背景。強調「儘管如此，人們仍然可以反駁說，只要採用中國

中心取向的歷史學家是美國人，不管我們如何竭力鑽到中國歷史的『內部』，我們總歸會把美國的詞語與概念暗中引進這部歷史」的柯文顯然意識到了自己的研究中不可避免的一些問題，而他自己對這種責難「固然甚是」的判詞以及期望借助「某種意義上都是局外人」的一般性觀察來迴避特殊性拷問的文字努力，更從正反兩個方面證明了此類問題的價值和意義。這裡我們所強調的不是語言的問題，而在行為的性質。我們完全贊成柯文所標舉的「內部取向」的研究進路，承認應該「從美國而不是東方著手來研究美國歷史（包括思想史），並儘量採取內部的（即美國的）而不是外部的（即東方的）準繩來決定美國歷史哪些現象具有歷史重要性」，由此我們發現：柯文《在中國發現歷史》一書的重要性顯然是通過與此前學術成果的比照而凸顯出來的，對衝擊－回應、傳統－近代模式的反思構成了新模式所以出現的根據，而在超越前者的基礎上為美國的中國近世史研究提供一種更為合理和周延的探討路徑則是其直接的目的，對於同樣宣稱應抑制（當然同《在中國發現歷史》書中對「內部」的孜孜以求不同，1990 年代的柯文從以前理想的光環上優雅地後退了半步，肯定了歷史學家「『局外人』的特點也可能是個優點」）「局外人」傾向的《歷史三調》一書，讀者似乎很難斷定作者看重的到底是「三」的展示還是「調」的追尋，到底是看重義和團作為「世紀之交中國獨一無二的歷史事件」多一點，還是強調「寓於義和團的特殊性中的普遍性」多一些。答案顯然更有可能是後者，隱藏在細密的「三」的考索背後的，是某些高貴的對所在學術領域的缺陷不斷進行修正和超越的完美性訴求。

柯文如此，其他學者也是。比如潛伏在史華慈那句「我對美國今天的文化有很多懷疑，希望中國會保持自己的文化傳統」的溫暖告誡背後的，毫無疑問仍然是老人對美國文化的濃重關愛和憂慮；而他在生命結束前不久談及跨文化溝通時，對後現代主義的抵制、對現代性和全球主義的分析等等，都在在顯示著他作為西方文化驕子的不二本質（參《漢學研究》第二期劉夢溪訪史氏一文）。郝大維和安樂哲說：「儒家民主將會被認為與杜威式社群主義思想有相似之處，而我們認為這種社群主義思想會讓人更富有成效地來理解美國民主。」視角從儒家切入，最後到「美國民主」回歸故里，西體中用的取徑已是不言而喻。無需再來一一分析了。

我們講西體中用，其中的體，正是在研究主體的文化背景、相關課題的存在根據、文獻成果的現實指向等層面上使用的，學者們講「當代美國中國

學的誕生與發展始終建立在美國與其他文明不斷變化的複雜現實關係上，即明顯具有『地緣政治』的狀態，歷史研究往往變成了現實關懷的投影」，強調「美國中國學誕生之初就與各種社會科學的思潮發生著非常緊密的關聯，幾乎每一次命題的轉換都與社會理論前沿錯綜複雜的變化有關」，可為部分地說明。所謂用，是說中國文化作為研究對象，儘管必然地也會對研究主體產生程度不同的滲透和影響，但，更多地，還是作為資料和工具存在於學術創造的過程中，如上所論柯文的《歷史三調》一書就是非常典型的例子。總之，中國的問題和學術，不論其紋理如何精緻，內涵如何豐足，在美國中國學界的舞臺上，演出的其實都是人家的故事，即使劇目能吸引到眾多中國觀眾的駐足，但由於從燈光音箱到舞臺布置，從策劃創意到編劇主持，都是他鄉的「夫子」，所以，我們講，「西體中用」依舊是其不變的本質。而這也就決定了作為美國中國研究一個小小分支的儒學與民主關係探討，大約同樣會呈現出同樣的類似的景致，就算那只是扎根在「西體中用」崖壁上的一朵小花而已。

說起來紮根崖壁自有它紮根崖壁的禍福與得失。

話從好處開始。恰如柯文所講到的，局外人的特點相當程度上是個優點。同幾千年浸潤沐澤在儒學裏的中華士子，包括當代中國的學者相比，西方同道因為有著不同的文明背景以及由此造成的別樣的價值觀念、行為和生活方式，加上豐富的文化理論的武裝，這就決定了在對儒學的審視上，他們往往能更多地體察到儒學作為一種厚重文化有異西方傳統的特色之所在，進而結合自身的理論架構，對儒學的價值作出豐富多彩的發明和評判，從而為儒學研究的深入提供諸多可貴參照甚或經典詮解。這是一種天生的優勢。尤其當我們的西方同道試著舉身儒學的內部來進行考求的時候，這種優勢更會顯得異常珍貴。

上世紀末，狄百瑞、郝大維、安樂哲他們對儒家社群主義的開掘便是這樣的例子。20 世紀六七十年代美國社會發生的一系列變化帶來了思想領域的新氣息，後來人說「在美國政治思想中占主導地位的洛克式的自由主義不再是不可挑戰的了，一種內在的緊張（essential tension）成為現在我們傳統的標誌性特徵」，正是在對自由主義基本理念批判的基礎上，社群主義產生並發展起來，「與新自由主義形成了當代西方政治哲學兩相對峙的局面」。在《亞洲價值與人權》一書的第三章「法與禮」、第四章「學與社」、第五章「鄉約」、

第六章「中國的憲法與市民社會」以及最後一章「中共與儒家的社群主義」等相關章節的探討中，狄百瑞指出：儒家的社群主義具有自身的形態和價值，在許多方面非常接近自由主義（學理上來講，儘管在當代西方政治哲學中呈現出對峙的情勢，但「社群主義和自由主義是相互支持的」。），但一個深層次困難在於儒家傳統裏並沒有提供明確的社群概念。不過狄百瑞還是在社群主義意義所以實現的層面上，著力考察了鄉約與社學問題。二者都是由儒家知識分子所主持的民間社會組織。在他看來，這些都是貫徹儒家的教育和倫理理想的實踐產物，都是獨立於官學之外的民間自發社群。由此，狄百瑞著力發明和強調了儒家傳統中「不治而議」即議政而不直接參政的傳統，並認為其中有公民社會的因子。

《亞洲價值與人權》問世後的第二年，郝大維和安樂哲出版了《先賢的民主──杜威、孔子與中國民主之希望》一書，內中從政治哲學的層面對儒學與社群的相關概念展開了深入探討。他們發現，「儒家強調道德先於刑法，這是任何社群主義民主的一個基石性價值觀」，認為「尊重祖先與文化英雄的儒家民主模式真正是一種『先賢的民主』」，強調：「亞洲的民主模式必將繼續深入到美國哲學家與政治科學家的意識中，以挑戰在現代化與西方化之均衡的問題上的種種頑固假設。這種對源於亞洲的極富價值的認識本身也促使亞洲學者進一步發掘儒學的資源，以發現真正的民主經驗的固有根源所在。」

與新自由主義進行論戰、批判極端個人主義傾向的西方社群主義論者如桑德爾（Sandal）、麥金太爾（Alasdair MacIntyre）、查爾斯·泰勒（Charles Taylor）等人所宣揚的社群主義有很大的不同，狄百瑞、郝大維和安樂哲所闡釋的儒家社群理念，是要在西方文化體系之外尋求一種獨具特色的儒家社群主義，其研究基點是跨文化的比較研究，是西方學界為解決自身發展問題而進行的外緣求索，有著重大的理論意義和學術價值。不少對中國文化和社會有著深刻瞭解和體認的本土精英，都曉得豐厚的文化傳統決定了我們不可能照搬西方式的民主；民主，就像當年的佛教一樣，在中國就必須有一個中國的樣子，要命的一點在於須得同既有的文化傳統緊密接合，能直接從文化傳統裏剔抉化合出來更是最好不過。對於這樣的訴求，無疑，狄、郝、安氏的探討頗有一定的參考價值。

然而並非所有探討都能獲得人們的由衷稱許。畢竟，儒學研究，作為歷史悠久的中國學問，有著許多域外人士難於克服的限制性因素：古漢語、小

學、佛道教知識、基於傳統中國家庭與社會生活的人生體驗，等等。要讀懂
儒家經典、研究儒學歷史，就必須經得起如上條件的過關性檢驗。事實上，
對於當代中國的中青年學人來說，這些基本條件也常常讓人卻步不前，又遑
論他鄉的學人！有著深厚中學修養的安樂哲在其與羅思文合作的《〈論語〉的
哲學詮釋》一書中專門談到了文言文的語法問題，說「儘管學術界對文言文
進行了大量語言學研究」，「〔但〕我們並沒有得到普遍適用的結論」，「如果語
法規則就是放之四海皆準的統一標尺的話，漢語則可謂沒有語法（不過，在
討論虛詞的時候，還是有一些的）」。由此，我們說西方學人在解讀儒家文獻
時常有些誤解歧譯，也就在所難免了。

　　「歧」與「誤」首先是知識意義上的判詞。比如說，西方學者釋解儒家
經典總喜歡取義《說文》，這便常常會出現某些偏失，拜讀海外中國學作品總
是會不時碰到這種情況。誰都知道《說文》畢竟距先秦已經有好長的年數，
其中的許多釋義在解經時頗不足以為據。問題是對於不少海外學者來說，像
甲骨文、金文之類古文字學似乎確有些不好進入，所以取定《說文》很多時
候可能都是無奈之舉，而由此帶來某些缺憾也就理所當然了。因為釋文是解
義的基礎，字的意思不恰當的話，文義的理解也就不免會有所偏差，而在此
基礎上進行的再闡釋大約也就只能是誤解和歧譯了。再就是由於對中國文化
的內在氣韻和總體特徵缺乏深刻到位的理解，導致儒學解讀中大量存在僵化、
程式化的現象。用郝大維和安樂哲的話說「深邃的中國哲學常常被簡化，變
成某種平庸的陳詞濫調」，2004 年夏在接受何金俐的訪談時，安樂哲又一次唇
焦舌敝地談到，「應該說，中國哲學在西方學界獲得的理解是非常有限的，可
以說一直以來經受著非常深重的誤讀和曲解」。以儒學與民主關係考察為例，
正如前面提到的，民主的制度性本質以及儒學長期服務於君主統治的雙重因
素，讓人們對這一問題的檢視往往從制度的角度切入，這當然無可厚非；但
如果標籤式地將儒學硬是與專制捆在一起，如列文森的帶有嚴厲批判色彩的
「博物館」論，就未免有些霸道了。

　　值得一提的是誤解也不是一無可取。與「中國傳統典籍翻譯所具有的詮
釋功能」相符應，美國學界對儒學與民主問題的闡釋有不少是帶有創造性的
詮釋性誤讀。歷史地來看，這種誤讀基礎上的詮釋與建構往往會有這樣或那
樣的啟迪意義，而且常常地對美國儒學研究的發展有其不可忽略的推動作用
和價值。比如前文提到的，顧立雅通過比較傑斐遜教育思想與科舉制度而為

儒家思想與現代民主融通尋得出路的例子，便有著明顯的誤讀嫌疑。應該來說，在戰後不久的美國學界，認可儒學與民主有其相通之處，還是頗有啟發性的，可是畢竟後世的科舉制度同先秦儒家的教育理想相去懸殊，所以，毫無疑問，這實在是一種創造性的誤讀。

　　總之我們認為美國學界的儒學與民主比較研究，就其考察進路與實質來看，基本上都是在西學為體、中學為用的框架模式下發生與展開的；縱向來看，隨著東亞經濟的恢復發展以及社會民主的沿革進步，從戰後初期否定性的關於儒學中是否具備民主質素的詰問，到後來著力發掘儒學中的自由主義傳統、社群主義品格，再到以社群主義為階梯徑直探討儒家民主模式，經歷了一個漸進的轉變過程；期間所產生的大量相關成果，交織著批判性解讀與創造性誤讀的雙重脈動，精蕪雜陳而瑕瑜互見。

　　至此，一幅取文化視野為焦點、據「西體中用」為邊框、以隨風丕變的研究進路為內容的，有關美國學界儒學與民主關係探討的油畫，便基本完成了。顯然這還是一個非常簡約的輪廓式的梳理。而且，由於論題時間跨度較大，涉及人物和作品較多，作為局外人的我們約略也只能是隔靴搔癢罷了，似是而非甚至大謬不然的地方應該總是難免。然耶否耶，尚請時賢俊彥明以教我。〔註10〕（筆者並不專研西方漢學，本文為與友人合作撰寫，文章及引文出處具見《社會科學研究》〇七年第2期所刊文字。）

〔註10〕本文所藉重的兩個核心概念「文化」和「體用」，都是地道的國貨，這樣處理是想說明在所謂西方話語到處彌漫的今日，國人依舊可以快樂地自話自說，歐風美雨的衝擊並未讓故國的話語走向迷失，在大批老壯學人的雙肩上，本土學術的大旗，一直都在自信而又瀟灑地歸自挺立！放眼四顧，諸君以為何如？

跋

本人二零零八年留校任教至今已有十二年時間。期間除給本科生講授《論語》課程之外，大部時間用於對上古中國文化史的研究。拙著所及部分有關《論語》和《論語》學的研究，有關中國史學史初期課題「左史記言右史記事」問題的研究，有關中國思想史初始課題儒家「義」概念的研究，作為傳統哲學之根本《周易》易象體系的創造性發展，中華文明文學、哲學和史學初始所繫六爻體系的發掘，皆在這一期間完成。其中六爻體系的新發明、《周易》易象體系的新發展，作為伏羲數術的「原始要終」之作，發前人所未發，對中華文明發展之貢獻至深至巨。初步具備了學界同仁所提出的「中國學派、中國立場、中國氣象」。

因為相關成果涉及傳統中國學術的大關節、大關鍵，且自上古而近世，姑且以《從太初到民國：中華文明發展歷程管窺》為題結集出版。

出版過程中，牛新杰、陳淑楊、鄭超、陳倩、鄭莉娟、鄧文華六位同志曾為校稿工作付出過辛勤勞動，在此表示感謝。